R E⁺ 新形态教材
入眼·入脑·入手
易教·乐学

婴幼儿托育相关专业教材

洪秀敏/丛书主编

托育政策
与法规

TUOYU
ZHENGCE
YU FAGUI

洪秀敏　陆　莹/本书主编

北京师范大学出版集团
BEIJING NORMAL UNIVERSITY PUBLISHING GROUP
北京师范大学出版社

图书在版编目(CIP)数据

托育政策与法规 / 洪秀敏，陆莹主编. —北京：北京师范
大学出版社，2024.6
ISBN 978-7-303-29637-8

Ⅰ. ①托… Ⅱ. ①洪… ②陆… Ⅲ. ①学前教育－教育政
策－中国 ②学前教育－教育法－中国 Ⅳ. ①G61 ②D922.161

中国国家版本馆 CIP 数据核字(2023)第 239794 号

图书意见反馈：gaozhifk@bnupg.com 010-58805079
营销中心电话：010-58802181 58805532
编辑部电话：010-58808898

出版发行：北京师范大学出版社 www.bnupg.com
　　　　　北京市西城区新街口外大街 12-3 号
　　　　　邮政编码：100088
印　　刷：天津中印联印务有限公司
经　　销：全国新华书店
开　　本：889 mm×1194 mm　1/16
印　　张：9.5
字　　数：276 千字
版　　次：2024 年 6 月第 1 版
印　　次：2024 年 6 月第 1 次印刷
定　　价：36.80 元

策划编辑：罗佩珍　　　　　责任编辑：赵鑫钰
美术编辑：焦　丽　　　　　装帧设计：焦　丽
责任校对：陈　民　　　　　责任印制：陈　涛　赵　龙

编委会

丛 书 主 编：洪秀敏

丛书副主编：张根健　商传辉

本 书 主 编：洪秀敏　陆　莹

本书参编作者：洪秀敏　陆　莹　玉丹萍　蒙智心

　　　　　　　罗艺丹　吴盼盼　潘　栎　黎娟杏

　　　　　　　周静娴　张　丽　傅　爽　覃家诚

　　　　　　　高玉燕　陈晓文　徐欢欢　王娇艳

一、教材结构特点

(一)模块化

本教材结合当前我国已正式颁布的重要托育服务政策与法规,将全书内容划分为五个学习模块,分别为托育服务政策与法规概述、托育服务事业发展宏观政策、托育机构的设置与管理、托育机构保育规范与管理、托育服务人员专业素养与职业伦理。本教材以模块化结构编写,主题鲜明,能够将理论知识、操作技能、实践经验集中展开,符合学生学习的需要。

(二)任务式

本教材在每个学习模块下根据内容的需要设计了学习任务,精选了十五个当前我国已正式颁布的重要托育服务政策与法规,采用符合高职院校托育服务与管理等相关专业学生的学习特点和规律的方式进行编写。任务解读力图对接岗位要求,通过托育机构工作中可能产生的典型问题,对相关政策进行解读与回应,使政策条文更具有实践性和可操作性,有助于学生以任务式学习方式逐级提升自己的职业能力。

(三)信息化

本教材配有许多辅助、引导学生学习的资源。每个学习任务中都附有可扫码阅读的政策文本,并且根据学生学习和内容安排的需要配备了较为丰富的"拓展阅读"资源,顺应了互联网时代学生学习的特点和趋势。

(四)重实操

每个学习任务中都安排了与学习内容紧密相连的"连线职场"/"连线校园"等活动和"实操巩固"板块,注重联系实际,引导学生将政策与法规和实际联系起来,体现了实用性、指导性。

二、教材使用方法

本教材将典型工作任务及工作过程知识作为主体内容,遵循教育教学规律,按照学习初体验、学习任务单、学习内容和学习效果检测一体化构建,课程学习贯穿课前、课中和课后。

课前建议根据学习初体验布置学习任务单,学习任务单根据学生已有的知识水平和认知能力,借助对旧知识的迁移、各种小调查、预习后的反思等多种途径对新知识进行个性化的解读。这样不仅能提升学生的自主学习能力,而且也为教师的课堂教学做好了充足准备。

课中建议采用任务驱动教学法,可以将教材中的案例作为典型任务,基于正式颁布的重要托育服务政策与法规,采用适合高职院校托育服务与管理等相关专业学生的学习特点和规律的方式,对接岗位要求,通过托育机构工作中可能产生的典型问题,对相关政策进行解读与回应,使政策条文更具有实践性和可操作性。

课后完成学习效果检测。以简答题、材料分析题等形式呈现,既有对知识点的巩固,也有对托育机构工作中实际问题的分析应用,能有效引导学生巩固知识,提高实际解决问题的能力。

其中,"学习初体验"是每个学习模块前的小活动和思考讨论,让学生带着兴趣去开启每个学习模块之旅。学习完本模块后,学生可以再次分析回顾该学习初体验,将所学内容应用于实践场景。

"学习任务单"简要介绍本任务的学习目标及学习要点，并给学生提出学习前、学习中、学习后的相关建议。

"聚焦政策"作为导入部分，能够帮助学生联系托育政策颁布出台的背景，激发学生学习本任务的兴趣并引发学生深入思考。

"连线职场"/"连线宝妈"/"连线宝爸"/"连线校园"通过列举托育机构工作人员、宝妈、宝爸、托育相关专业的学生可能遇到的问题及困惑，以政策法规的规定来答疑解惑，帮助学生将政策与法规和实际联系起来。

"案例呈现"展示的是与学习任务相关的典型案例，借此讲解有关托育的政策与法规，加深学生对政策的理解和运用。

"想一想""议一议""看一看""找一找"穿插在学习任务中，展示的是与学习任务相关的思考、讨论等活动。

"资讯链接""小提示"穿插在学习任务中，辅助展示与各学习任务相关的政策资讯或者建议，补充知识点。

"拓展阅读"推荐与学习任务相关的解读文章、政策文件原文等，可延伸学习内容，让学生进行拓展学习。限于篇幅问题，有些内容需要扫描二维码阅读或观看。

"学习效果检测"主要设计与本学习任务相关的判断题、简答题、材料分析题等，通过多样化的题型帮助学生自我检测知识掌握情况。

"实操巩固"系与学习任务紧密相连的实操活动，以实训内容、人员构成、呈现方式、注意事项为主要内容，引导学生将托育服务政策与法规和实际运用联系起来。

三、课时分配

本课程建议教学课时为 32 学时，计 2 个学分。

学习模块	建议课时
学习模块一 托育服务政策与法规概述	2
学习模块二 托育服务事业发展宏观政策	6
学习模块三 托育机构的设置与管理	8
学习模块四 托育机构保育规范与管理	8
学习模块五 托育服务人员专业素养与职业伦理	8

3岁以下婴幼儿照护服务是生命全周期服务管理的重要内容，事关婴幼儿健康成长，事关千家万户。党中央、国务院高度重视婴幼儿照护服务发展。党的十九大报告在保障和改善民生的蓝图中将"幼有所育"排在七项民生之首；党的二十大报告指出，要"深入贯彻以人民为中心的发展思想"，在"幼有所育"等方面持续用力，"建立生育支持政策体系"。加快发展普惠托育服务体系，专业人才培养是关键。而支撑职业教育高质量发展，专业教材建设是关键。教材建设是育人育才的重要依托，是培养学生职业道德、职业技能、就业创业和继续学习能力的重要载体。职业教育专业教材是职业院校开展教学工作的基础，建设什么样的教材体系，核心教材传授什么内容、倡导什么价值，都直接影响着托育相关专业职业教育的学科建设和人才培养质量。

2021年，教育部发布了新调整的职业教育专业目录，一体化设计了中职—高职专科—高职本科专业体系，新增了中职、高职专科、高职本科三个学段婴幼儿托育相关专业，亟需建设相关配套专业教材。《"十四五"职业教育规划教材建设实施方案》明确指出要服务民生领域急需紧缺行业发展，加快建设托育等领域专业课程教材。为服务于托育相关专业教学与课程建设需求，本套丛书以促进学生全面发展、增强综合素质为目标，以打造培根铸魂、启智增慧、适应时代要求、具有较高质量的托育相关专业职业教育教材为重点，力图做到"四个坚持"。

一、坚持德育为先，发挥课程思政与立德树人功能

教材建设的根本问题是培养人的问题。在本套丛书编写过程中，编写团队始终坚持正确的政治方向和价值导向，将习近平新时代中国特色社会主义思想特别是关于教材建设的重要论述贯穿教材建设的各个环节，全面落实课程思政要求，努力贯彻落实立德树人根本任务。编写团队认真贯彻落实党中央、国务院关于发展婴幼儿照护服务的政策精神，将培育和践行社会主义核心价值观融入教材编写的全过程，在价值理念导向、专业知识诠释和实践案例选取过程中，扎根中国大地，站稳中国立场，坚定"四个自信"，努力增强教材铸魂育人功能，注重引导学生增强专业认同感，关爱婴幼儿，热爱托育事业，正确理解3岁以下婴幼儿发展特点研究和托育机构保育工作的重要意义，坚定专业信念，自觉努力成长为有理想信念、有道德情操、有扎实学识、有仁爱之心的婴幼儿健康成长的启蒙者和引路人。

二、坚持学生为本，遵循学生学习规律与发展需求

本套丛书编写坚持以学生为中心的理念，深入研究托育相关专业人才成长规律和学生认知特点，遵循职业教育学生学习的特点、规律和需求，增强教材对学生专业学习与发展的适切性。在编写过程中，编写团队努力以学习成果为导向设计教材结构和内容，注重托育机构工作场景、典型保育工作任务、案例分析等模块化课程和项目化学习成果设计，创新教材呈现形式，通过生活化、情景化、动态化、形象化的案例场景，积极开发具有补充性、更新性和延伸性的学习资源，遵循理论知识与实践技能相统一、从简单到复杂、从单一到综合的学习规律与职业成长规律，注重通过通俗易懂的文字论述和丰富的案例材料，最大限度地激发学生的学习兴趣和探究行为，满足学生多样化、个性化和实用化的学习需求与专业发展需求，提高他们对婴幼

儿托育的专业认知、专业情感、专业态度和专业精神等专业素养。

三、坚持研究为要，反映托育领域最新政策、研究与实践

托育相关专业是涉及多学科、综合性强的新专业，目前可直接参考借鉴的资源不多，教材编写难度大。为此，编写团队主要从以下方面入手：一是注重对国家托育改革创新实践与最新政策的动态关注，认真学习并全面贯彻我国托育服务相关政策与法规的最新要求，在教材编写中力求及时反映托育政策和事业改革发展的新要求、新理念和新规范；二是全面对标托育相关专业的教学标准和保育师国家职业技能标准，持续追踪婴幼儿发展与托育研究的动态，深入了解婴幼儿生理与心理发展、营养与喂养、学习与发展、卫生与保健、常见病和伤害预防与处理等领域的专业知识与最新研究进展，及时吸纳新方法和新成果，尽可能体现出先进性、引领性和科学性；三是为充分体现职业教育的实用性与实践性特点，坚持深入调研了解行业企业和托育机构的现状与需求，跟进了解行业企业发展与院校培养的最新动态，努力反映托育行业的新探索、新实践和新经验。

四、坚持质量为重，建设联合攻关高水平教材编写团队

多主体协同、多元化参与，是确保教材思想方向、保障专业水准、拓展教材形式、提升编写质量等的关键所在。本套丛书在编写过程中，充分调动和吸纳了一批儿童早期发展、卫生保健、儿童心理学、学前教育学等方面的高校、科研机构的研究者，职业院校婴幼儿托育相关专业的工作者，来自行业协会、托育机构等的优质资源，组建了一支产教融合、校企合作、结构合理、经验丰富、专业能力强的高水平教材编写团队。大家凝智聚力，联合攻关，统一指导思想、编写理念、编写策略和编写风格，发挥各家所长，相互协调配合，同时加强编写、审定和出版各环节的严格把关，确保专业教材的编写质量，力争打造一批培根铸魂、启智增慧，具有时代性、科学性、权威性、前沿性、实用性的托育职业教育专业精品教材。

本套丛书的编写得到了北京师范大学出版社的大力支持。在撰写过程中，本套丛书参考和引用了国内外许多研究成果与观点，在此深致谢忱。真诚希望本套丛书的出版能够为托育培训者和管理者、广大托育机构工作者等提供有益的参考与借鉴。

北京师范大学　洪秀敏

　　0～3岁是生命的起点，是个体发展的开端。把握生命的"黄金1000天"对后续发展具有极其深远的影响。以习近平同志为核心的党中央高度重视托育服务发展，出台了一系列政策和举措。党的二十大报告将托育作为应着力解决的人民群众急难愁盼的问题之一，并对高质量发展提出了明确要求。在党中央的坚强领导下，2019年《国务院办公厅关于促进3岁以下婴幼儿照护服务发展的指导意见》印发，明确要"建立完善促进婴幼儿照护服务发展的政策法规体系、标准规范体系和服务供给体系"，"多种形式开展婴幼儿照护服务，逐步满足人民群众对婴幼儿照护服务的需求"。国家理念的转变以及一系列配套政策和法规的颁布与实施，为新时代托育服务发展奠定了良好基础。在国家重视、各地积极探索的背景下，我国托育事业迎来了发展的新机遇。

　　深化托育课程和教学内容体系的改革和创新，不仅是托育事业高质量发展的重要保障，更是实现托育专业人才培养的核心内容。对托育政策与法规的学习可以让学生全面认识托育政策，为进修其他专业课程打下基础，进而支持和推进"品德高尚、富有爱心、敬业奉献、素质优良"的高质量托育人才队伍建设，为托育事业高质量发展提供专业人才队伍的重要支撑。同时，随着各地托育政策的不断推进与逐渐完善，托育机构行政管理部门和托育机构负责人、保育人员也都迫切需要学习和掌握托育服务的相关政策与法规。

　　本教材在编写过程中，始终坚持正确的政治方向，以习近平新时代中国特色社会主义思想为指导，认真贯彻落实党中央、国务院关于发展托育服务的政策与法规精神，在价值理念导向、专业知识诠释和实践案例选取过程中，始终坚持站稳中国立场，努力体现中国特色托育理论和保育实践的有益探索与经验，使广大学生和托育工作者树立正确的专业认同，关爱婴幼儿，热爱托育事业，建立坚定的专业信念和职业伦理规范。本教材将我国现行的诸多托育服务政策法规进行挑选、梳理、分类，形成了托育服务政策与法规概述、托育服务事业发展宏观政策、托育机构的设置与管理、托育机构保育规范与管理、托育服务人员专业素养与职业伦理五大学习模块，内容涉及《国务院办公厅关于促进3岁以下婴幼儿照护服务发展的指导意见》《国务院办公厅关于促进养老托育服务健康发展的意见》《支持社会力量发展普惠托育服务专项行动实施方案(试行)》《托儿所、幼儿园建筑设计规范》《托育机构设置标准(试行)》《托育机构管理规范(试行)》《托育机构登记和备案办法(试行)》《托育机构保育指导大纲(试行)》《托儿所幼儿园卫生保健工作规范》《托育机构婴幼儿伤害预防指南(试行)》《托育机构婴幼儿喂养与营养指南(试行)》《保育师国家职业技能标准》《托育机构负责人培训大纲(试行)》《托育机构保育人员培训大纲(试行)》《托育从业人员职业行为准则(试行)》十五个托育服务政策与法规。

　　本教材的编写特色主要体现在以下方面。

　　第一，价值引领、立德树人。本教材注重发挥教材育人育才功能，精选我国与托育相关的政策文件，从出台背景、出台意义、政策要点到政策解读进行全面而系统的阐释，并注意根据相关专业学生的特点和培养需求设计多样化栏目，生动展现政策文件的实践运用，有助于学生更好地理解相关政策法规，提升政策法规素养，培养法治观念和依法办事的能力。

　　第二，理实一体、对接岗位。本教材在解读每项政策时，不仅介绍了具体的政策条文，而且强调对政策文件的运用，对接托育机构工作场景，设计了托育机构工作人员以及家长可能遇到的典型问题，以政策文件的规定予以解答，帮助学生更好地将政策文件和实际工作相结合，体现了实用性、指导性。

第三，创新体例、可读性强。每个学习模块下设若干学习任务，每个学习任务开篇会有学习任务单，全面展示本任务的学习目标、学习要点、学习建议等，让学生带着明确目的开启每个学习任务之旅。学习任务中还穿插了"连线职场""资讯链接""小提示""议一议""想一想"等板块，以增强学习的趣味性。同时，为顺应互联网时代学生学习的特点和趋势，全书配备了较多的拓展资源，学生可以扫描二维码学习。

第四，校企合作、多元开发。本教材编写团队汇集了高等院校、职业院校、托育机构中的工作者，他们既有扎实的理论基础，也有丰富鲜活的一线实践经验。全书由洪秀敏、陆莹提出框架，组织撰写，修改统整。具体分工如下：学习模块一"托育服务政策与法规概述"由北京师范大学洪秀敏、广西科技师范学院陆莹负责编写，学习模块二"托育服务事业发展宏观政策"由广西科技师范学院陆莹、张丽、潘栎负责编写，学习模块三"托育机构的设置与管理"由广西科技师范学院玉丹萍、周静娴、罗艺丹、陈晓文负责编写，学习模块四"托育机构保育规范与管理"由广西科技师范学院傅爽、延安大学王娇艳、广西科技师范学院徐欢欢、柳州城市职业学院吴盼盼负责编写，学习模块五"托育服务人员专业素养与职业伦理"由广西科技师范学院玉丹萍、蒙智心、陆莹、黎娟杏负责编写。各学习模块的"学习效果检测"和"实操巩固"部分由钦州幼儿师范高等专科学校高玉燕、广西工业职业技术学院覃家诚负责编写。教材撰写的过程中还得到了上海市人口早期发展协会婴幼儿照护服务专委会陈维凯、广西博童托育有限公司刘浩、深业托育（深圳）有限公司冯歆尧、延安大学教育科学学院孙田园的很多宝贵建议和支持。

作为一本详述托育服务政策与法规的教材，本书对政策的解读全面、实用，既可作为职前培养院校托育相关专业学生的课程教材，也可作为托育服务管理部门及托育机构从业人员的学习用书。尽管我们在编写过程中做了很大的努力，但是由于能力有限，书中难免有不足和疏漏之处，恳请广大读者提出宝贵意见，以利于后续补充和修正。

编者

2024 年 1 月

目录

学习模块一
托育服务政策与法规概述

　　要保证托育服务事业的健康、可持续发展，必须制定相应的政策与法规，为0～3岁婴幼儿教养事业提供基本的制度保障。托育事业发展政策与法规是指导、规范和约束托育服务的导向性文件，是保护婴幼儿基本权利的依据，体现了早教事业发展的基本趋势。落实托育事业发展政策与法规，建立健全0～3岁婴幼儿教养公共服务体系，是完善婴幼儿教养规范，提升婴幼儿教养质量的重要手段。

学习导图

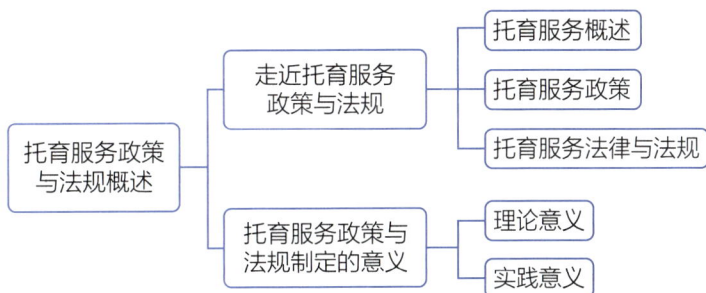

托育服务政策与法规概述
- 走近托育服务政策与法规
  - 托育服务概述
  - 托育服务政策
  - 托育服务法律与法规
- 托育服务政策与法规制定的意义
  - 理论意义
  - 实践意义

学习初体验

　　请大家以小记者的身份采访家长和托育工作者，了解他们对托育服务政策与法规的认识。谈一谈最受大家关注的托育法规有哪些。

学习任务 1
走近托育服务政策与法规

学习任务单

学习目标		①了解托育服务的定义、托育机构的独特性； ②了解托育服务政策与法规的有关内容，提高对托育服务相关政策与法规的重视程度。
学习要点		了解托育服务政策与法规的内涵。
学习建议	学习前	查阅、了解我国的人口生育政策、与托育服务发展相关的政策。
	学习中	完成本任务的学习，从国家、社会、家庭、婴幼儿等多方面讨论与分析托育服务政策与法规制定的意义。
	学习后	查阅、了解我国与托育服务相关的政策、法规的实施意见和具体举措；及时关注出台的托育服务政策与法规并主动学习，增强依法依规开展托育服务的意识。
学习运用		你觉得在哪些工作场景中可以运用到所学内容？（由学生填写）
学习反思		请记录你在学习过程中的相关思考。（由学生填写）

📚 **聚焦政策**

我国建立健全生育支持政策体系 大力发展普惠托育服务体系

近年来，我国建立健全生育支持政策体系，大力发展普惠托育服务体系，显著减轻了家庭的生育、养育、教育负担，为建设生育友好型社会，促进人口长期均衡发展提供了支持。

市民小媛2023年2月底休完产假，返回工作岗位。她的三孩生育保险的相关事项则由单位进行网上申报，很快就有医保部门专人联系对接。

小媛："4月初生育医疗费用就全部报销下来了。生育津贴也发下来了。这让我心里感觉到很踏实。"

国家医疗保障局指导各地全面落实参保女职工生育三孩的生育保险待遇，确保应享尽享；要求各地及时将参保女职工符合规定的生育医疗费用和生育津贴纳入生育保险待遇支付范围，确保足额支付。2022年，全国参加生育保险的有2.4亿人，生育保险待遇支出891亿元。此外，国家医疗保障局还强调加强部门协同，推动生育保险政策和相关经济社会政策配套衔接，共同促进人口长期均衡发展。

近年来，我国还持续加强托育服务体系建设。2020—2023年，国家共安排中央预算内投资36亿元，新建48个地市级以上托育综合服务中心。截至2022年年底，全国共有托育服务机构约7.5万家，提供托位数约350万个。国家卫生健康委员会、国家发展和改革委员会遴选出33个城市作为第一批全国婴幼儿照护服务示范城市，探索"幼有所育"的新路径。相关部门表示，要充分发挥政府的主导作用，加大对各类托育服务机构的支持力度，着力加大普惠托育服务的供给，让有需要的家庭送得起、用得上；加强动态监管，确保服务质量有所提高，守住安全健康的底线；鼓励社会力量积极参与，确保2025年每千人口托位数达到4.5个。

（资料来源：央广网）

3岁以下婴幼儿照护服务是生命全周期服务管理的重要内容，事关婴幼儿健康成长，事关千家万户。近年来，我国先后三次适时调整与完善生育政策。随着生育政策的不断调整与完善，为帮助家庭解决"没人带孩子"的问题，减轻家庭生育、养育负担，党中央、国务院高度重视加快推进3岁以下婴幼儿照护服务发展。自2019年起，国家制定和颁布了一系列支持托育服务发展的政策与法规，不仅包括有关托育服务顶层设计和健康发展的宏观政策与法规，而且涵盖托育机构设置标准和管理规范、保育指导大纲、托育机构消防安全、托育机构卫生评价、婴幼儿喂养与营养指南、婴幼儿养育照护指南、托育机构从业人员职业行为准则等内容，托育服务政策法规体系逐步完善，托育服务标准规范体系逐步健全，各地托育服务行业发展迅速。

✏️ **学习笔记**

一、托育服务概述

（一）托育服务的定义

托育服务是指由除父母外的其他人员为婴幼儿提供的照顾服务，通常是指3岁以下的婴幼儿在一天当中某个时间段离开父母，由专业人员在托育机构中为其提供的看护和保育服务。

托育机构是指经有关部门登记、卫生健康部门备案，为3岁以下婴幼儿提供全日托、半日托、计时托、临时托等照护服务的机构。

托育机构和幼儿园的区别

托育机构和幼儿园，是根据年龄把服务于0～6岁儿童的学前教育机构进行细分而来的两个概念。

从功能上讲，托育机构是服务于0～3岁儿童的机构，更重视保育；而幼儿园是服务于3～6岁儿童的机构，保育和教育并重。

由于儿童在不同阶段的发展特点不一样，因此，托育机构和幼儿园对园所环境、设施设备、师资素质和保育工作的具体要求也不一样。

从托育服务的定义可见，托育服务具有三层含义和特性。

第一，在照护子代方面，托育服务是从家庭到社会的延伸。家庭是婴幼儿接受照护的首要场所。家庭对婴幼儿的照护，不仅出于人类保护自身种系的本能，也是其传承文化、实现自我价值的重要途径。因此，家庭是婴幼儿成长与发展的首要基地。托育服务是家庭照护的补充。

第二，托育服务的对象具有双重性。虽然托育服务的直接对象是婴幼儿，但是家庭也是托育服务的重要对象。托育服务既包括为3岁以下婴幼儿提供的保育服务，也包括为其家长提供的科学育儿指导服务。

第三，托育服务的功能具有补偿性。当家庭照护能力不足或功能缺失时，托育服务能够满足婴幼儿对于照护的需求，补充家庭的空缺。特别是对于处境不利的婴幼儿来说，优质的托育服务能起到一定的补偿作用，减少成长环境不利带来的消极影响。因此，托育服务并不是替代家庭承担照料子代方面的责任，其更多起到的是兜底与补充作用。

（二）托育服务的重要意义

0～3岁是婴幼儿身心发展的关键时期。脑科学、发展心理学等学科的研究成果表明：婴幼儿早期教育至关重要。科学的早期教育有利于婴幼儿在认知、情感、社会性等方面获得良性发展，为其终身发展创造良好的人生开端。此外，科学、适宜的早期保育与教育可有效减少因家庭贫困、营养不良、亲情缺失、教育资源不足对婴幼儿综合发展产生的不良影响。而优质的0～3岁婴幼儿托育服务，不仅能够为婴幼儿人生开端奠定良好的基础，而且还可为家庭和谐以及社会稳定提供坚实的保障。国内外已有研究均表明，建设0～3岁婴幼儿托育服务体系及提供托育服务，有助于降低孩子的生养成本，化解女性工作与家庭之间的矛盾，实现家庭与工作的"双赢"。

中华人民共和国成立初期，我国的许多企事业单位开办了托儿所和幼儿园，解决了许多双职工家庭的后顾之忧。然而，随着经济社会的快速发展，我国的经济体制由计划经济向市场经济转变，社会管理体制也随之由单位制向社区制回归。在我国经济体制改革过程中，福利性的社会托儿所服务体系逐渐消失，人的再生产成本完全回归家庭。此外，在长期以来实施的计划生育政策的推动下，家庭结构小型化趋势不可避免地出现，形成了"4-2-1"结构，即一对夫妇需要照顾四位老人和一个孩子，家庭负担重。夫妇双方在承担社会工作的同时，还需要兼顾家务劳动、子女照料和老人赡养等多重职能。

随着全面二孩政策和三孩政策的推进和实施，许多城市家庭在0～3岁婴幼儿照护方面存在的困难和问题进一步凸显。积极加快推进和构建托育公共服务体系，无论是对人口生育新政的落实，还是对婴幼儿的早期发展和家庭的和谐均具有重要的推动作用。

二、托育服务政策

政策是国家政权机关、政党和其他社会政治集团在特定时期为实现或者服务一定的社会政治、经济、文化目标所采取的政治行动或规定的行为准则，是一系列谋略、法令、措施、办法、方法、条例等的总称。① 发布机关常常以决议、决定、命令、指示、通知、意见、复函或重要领导人的谈话、报告、讲话、批示等形式向社会发布。

托育服务政策，即执政党和各级政府及其职能部门为实现一定历史时期的托育服务发展目标和任务，依据党和国家在一定历史时期的基本任务、基本方针而制定的关于托育服务发展的行动准则。

托育服务政策制定的主体主要是政府和政党，在一定条件下，专业团体等非政府组织也会成为政策制定的主体。托育服务政策根据不同的标准，可以有几种不同的分类。

根据政策制定的主体，托育服务政策可以分为国家层面的托育服务政策和地方层面的托育服务政策。根据政策的时效性，可以分为短期托育服务政策、中期托育服务政策和长期托育服务政策。根据政策的内容，可以分为总体性托育服务政策和具体托育服务政策。

政策一般不具有广泛的约束力和国家强制力，主要是通过党和政府组织机构的职责要求、党员和各级干部的严格执行、政策的宣传引导、人民群众对党和政府的信任和拥护等加以实现的。

三、托育服务法律与法规

法律是由国家制定或认可并依靠国家强制力保证实施的，反映由特定社会物质生活条件所决定的统治阶级意志，以权利和义务为内容，以确认、保护和发展对统治阶级有利的社会关系和社会秩序为目的的行为规范体系。② 其目的在于维护、巩固和发展一定的社会关系和社会秩序。在我国，法律专门指由全国人民代表大会及其常委会依照立法程序制定，由国家主席签署公布的规范性文件，其法律效力仅次于宪法，一般均以"法"字配称。目前我国尚未有专门针对托育服务的法律。

法规是法律效力相对低于宪法和法律的规范性文件。法规主要有如下三种形式：一是由国务院及其所属政府部门根据宪法和法律规定而制定和颁布的行政法规，也称行政规章；二是由省、自治区、直辖市的人大及其常委会根据本行政区域的具体情况和实际需要制定和颁布的地方性法规；三是较大的市(省会、首府)的人大及其常委会制定的地方性法规(须报省、自治区人大常委会批准后施行)。法规一般以条例、规定、办法等形式颁布。

由于托育服务法规是由立法机关、政府部门制定颁布的，因此，托育服务法规的实施受国家强制力的保护，具有强制性。

拓展阅读

法律、法规和规章有何区别?

1. 概念含义不同

①法律有广义、狭义两种理解。广义上讲，法律指国家机关以强制力保证实施的、具有普遍约束力的行为规范的总和；狭义上讲，仅指全国人大及其常委会制定的规范性文件。在与法规等一起谈时，法律是指狭义上的法律。

① 陆士桢、魏兆鹏、胡伟：《中国儿童政策概论》，24 页，北京，社会科学文献出版社，2005。
② 张文显：《法理学(第四版)》，47 页，北京，高等教育出版社，2011。

学习笔记

②法规包括国务院制定的行政法规和地方国家权力机关制定的地方性法规。

③规章分为部门规章和地方政府规章，是国家行政机关根据法律和行政法规在其职权范围内制定的关于行政管理的规范性文件。

2. 效力等级不同

①宪法具有最高的法律效力，一切法律、行政法规、地方性法规、规章都不得同宪法相抵触。

②法律的效力高于行政法规、地方性法规、规章。

③行政法规的效力高于地方性法规、规章。

④地方性法规的效力高于本级和下级地方政府规章。

⑤省、自治区的人民政府制定的规章的效力高于本行政区域内的设区的市、自治州的人民政府制定的规章。

学习效果检测

一、判断题

党的二十大报告明确指出："在幼有所育、学有所教、劳有所得、病有所医、老有所养、住有所居、弱有所扶上持续用力。""幼有所育"排在第一位，意义重大。（　　）

二、名词解释

1. 托育服务
2. 托育机构
3. 婴幼儿照护服务

文本资源

参考答案

实操巩固

实训内容	以调研家长和托育工作者对托育服务政策与法规的了解情况为目的，设计一份简单的调查问卷，在社区和托育机构开展调研分析。
人员构成	小组（3～5人）。
呈现方式	成果：调查问卷1份，调研分析报告1份。 展示：汇报多媒体课件1份。
注意事项	小组内部要分工明确，并在成果中注明； 问卷设计的目的性要明确； 对调查结果的分析要科学； 所提出的建议要有针对性、科学性、可行性。

学习任务 2
托育服务政策与法规制定的意义

学习任务单

学习目标	①了解我国当前托育服务政策与法规制定的理论意义； ②了解我国当前托育服务政策与法规制定的实践意义； ③了解托育服务政策与法规的有关内容，提高对托育相关政策法规的重视程度； ④在托育服务实践中，能够恰当运用托育服务政策与法规指导自己的实际工作。	
学习要点	掌握托育服务政策与法规制定的重大意义。	
学习建议	学习前	查阅当今我国相关的人口政策和托育扶持政策。
	学习中	完成本任务的学习，从国家、社会、家庭、婴幼儿等多方面讨论与分析托育政策与法规制定的意义。
	学习后	深入学习领会托育服务政策与法规的要求，并联系实际问题，初步学会在实际问题中自觉运用政策与法规。
学习运用	你觉得在哪些工作场景中可以运用到所学内容？（由学生填写）	
学习反思	请记录你在学习过程中的相关思考。（由学生填写）	

📚 **聚焦政策**

2022 年 6 月 14 日上午，国家卫生健康委员会人口家庭司在北京召开托育工作推进会，深入贯彻党中央、国务院决策部署，分析形势、统一思想、交流经验、明确任务，大力发展普惠托育服务，加快推进各项重点工作落地见效。会议要求坚决落实好"十四五"千人口托位数指标，加快实施国家托育建设方案，精心组织全国婴幼儿照护服务示范城市创建活动，认真做好托育机构摸底排查工作，加强人才培养和队伍建设，动员社会各方面积极性，形成促进托育服务发展的强大合力。

一、理论意义

（一）支持生育政策和人口中长期发展战略落地

0～3 岁婴幼儿的健康成长关系到家庭发展的福祉，影响着社会经济文化的发展。20 世纪五六十年代，托育服务帮助女性缓解了带孩子的压力，让女性能够投身于生产劳动之中，托育服务在减轻女性负担、促进女性发展、促进两性平等方面发挥了重要的作用。20 世纪 80 年代以来，托育服务有很大的发展空白。随着全面二孩政策、三孩政策的开放，中国托育服务重新引起社会的重视，其作为重要的生育支持配套政策在国内各地开始探索和实践。

近年来，随着三孩政策的实施，婴幼儿托育服务已经纳入国家战略层面，国务院和政府部门高度注重托育服务的发展，一系列托育政策相继制定，为支持生育政策提供了有力的支持与保障。托育服务相关政策法规的出台，其本质上是国家为了平缓总和生育率下降趋势、提振生育水平而采取的重要手段，即以落实三孩政策为目标的补充性政策。关注托育相关政策的制定与落地，我们可以更好地理解托育政策的出台背景和理论意义。国家层面托育政策的出台，也为各地提供了方向，有助于各级政府指导、规范托育服务，帮助托育机构及时掌握政策，获得优惠帮助，规范服务行为，为支持国家生育政策提供了有力的保障。2021 年 6 月，《中共中央 国务院关于优化生育政策促进人口长期均衡发展的决定》中提出了发展普惠托育服务体系的要求："建立健全支持政策和标准规范体系。将婴幼儿照护服务纳入经济社会发展规划，强化政策引导……引导社会力量积极参与。以市地级行政区为单位制定整体解决方案，建立工作机制，推进托育服务健康发展。""大力发展多种形式的普惠服务。发挥中央预算内投资的引导和撬动作用，推动建设一批方便可及、价格可接受、质量有保障的托育服务机构。"

🔍 **拓展阅读**

《中共中央 国务院关于优化生育政策促进人口长期均衡发展的决定》明确指出，人口发展是关系中华民族发展的大事情，并从八个方面做出了具体规定，提出了到 2025 年，积极生育支持政策体系基本建立，服务管理制度基本完备，优生优育服务水平明显提高，普惠托育服务体系加快建设等目标。

请扫描二维码阅读全文，并围绕感兴趣的点与同学们进行讨论。

文本资源

《中共中央 国务院关于优化生育政策促进人口长期均衡发展的决定》

（二）规范 0～3 岁婴幼儿托育服务积极健康发展

要想发展我国的托育服务事业，首先就要有托育相关政策与法规的推动。2019—2023 年，国家层面共发布婴幼儿照护服务相关政策文件 38 份，其中涉及发展规划、设施建设、资金扶持、就业创业等方面的文件有 12 份。

2010 年，《国家中长期教育改革和发展规划纲要（2010—2020 年）》中明确提出"重视 0 至 3 岁婴幼儿教育"；2012 年，《教育部办公厅关于开展 0－3 岁婴幼儿早期教育试点工作有关事项的通知》指出为贯彻落实教育规划纲要精神，探索发展 0～3 岁婴幼儿早期教育的模式和经验，教育部决定选择部分地（市）先行开展 0～3 岁婴幼儿早期教育试点；2017 年，党的十九大报告提出"幼有所育、学有所教"；2019 年，《国务院办公厅关于促进 3 岁以下婴幼儿照护服务发展的指导意见》指出"规范发展多种形式的婴幼儿照护服务机构"；2022 年，《国务院办公厅关于印发"十四五"国民健康规划的通知》多次提及托育服务工作的开展，以推进托育服务行业健康发展，提升人民幸福感。这一系列的托育政策，为我国托育服务发展提供了文本的基础，规定了我国托育服务发展的大方向，细化的内容还包括环境要求、人员要求、监管要求等，为规范托育服务的发展提供了有力的保障。

（三）明确国家和地方各级政府发展托育服务的职责

现阶段我国托育服务正经历着从国家管理向国家治理的范式转变，国家为创造和保障托育服务发展的良好环境，政府职能发生着变化，多方力量介入。2019—2023 年，国家层面发布的 38 份婴幼儿照护服务相关政策文件中，由国家卫生健康委员会、国家发展和改革委员会、民政部、教育部、全国妇联等部门发布的部门规章、规范类的相关文件高达 25 份。从托育政策和法规中可以看出，为了实现托育普惠性的发展目标，国家鼓励多方力量办学成为托育服务发展的新趋势和新形态。国家明确了政府多部门的主体责任，通过责任分担，实现协作互利的专业化管理。托育服务管理是由政府机构执行监督、反馈、调节和指导行为的过程，要实现托育服务的管理，需要政府各部门协作共同进行。

根据托育相关的政策与法规，可以发现婴幼儿托育服务发展工作由卫生健康部门牵头，教育、公安、民政、财政、人力资源社会保障、自然资源、住房城乡建设、税务等部门要按照各自职责，加强对婴幼儿照护服务的指导、监督和管理，密切配合，加强协作，形成推动婴幼儿托育服务健康发展的工作合力。政府部门间的协同合作越统一，其管理过程就越规范，政府实现决策目标的能力就越高；政府的协同合作越分散，政府实现决策目标的能力就越低。《国务院办公厅关于促进 3 岁以下婴幼儿照护服务发展的指导意见》提出了"家庭对婴幼儿照护负主体责任。发展婴幼儿照护服务的重点是为家庭提供科学养育指导，并对确有照护困难的家庭或婴幼儿提供必要的服务""充分调动社会力量积极性，大力推动婴幼儿照护服务发展"等基本原则，明确了国家、市场、社区、家庭等主体在婴幼儿照护中的角色和作用。各主体只有合力协作、共同配合、自上而下、多元合作，才能够发挥群团组织和行业组织的作用，发挥社会监督和行业自律作用，进而大力推动婴幼儿托育服务的健康发展。

Q 政策支持

《国务院办公厅关于促进3岁以下婴幼儿照护服务发展的指导意见》中指出："加强婴幼儿照护服务专业化、规范化建设，遵循婴幼儿发展规律，建立健全婴幼儿照护服务的标准规范体系。各类婴幼儿照护服务机构开展婴幼儿照护服务必须符合国家和地方相关标准和规范，并对婴幼儿的安全和健康负主体责任。"同时，对托育机构的师资队伍也提出了建设要求。

2019年3月，人力资源和社会保障部办公厅发布了保育员、育婴员等16个职业的国家职业技能标准，相关标准的出台为托育市场的专业人才的选拔指明了方向。标准主要包括职业名称、职业编码、职业定义、职业技能等级、职业环境条件、职业能力特征、普通受教育程度以及职业技能鉴定要求等。2021年12月，人力资源和社会保障部办公厅又颁布了婴幼儿发展引导员、保育师等18个职业的国家职业技能标准。

2022年9月，《中华人民共和国职业分类大典(2022年版)》审定颁布会召开，"托育师"这一工种首次被列入其中。

二、实践意义

(一)缓解家庭和社会压力，促进社会和谐发展

自20世纪90年代中期以来，随着我国经济体制改革的深入推进，企事业单位剥离社会职能，工厂、机关、学校、街道社区、农村集体等举办的托儿所大幅减少，我国原有的0～3岁婴幼儿教保服务体系受到较大冲击，众多家庭尤其是双职工家庭面临工作与育儿难以平衡的困境。①

国家注重发展0～3岁婴幼儿托育服务，提出了一系列托育相关政策与法规，为生育政策提供了有力的支持。国家卫生健康委员会、国家发展和改革委员会等17个部门发布的《关于进一步完善和落实积极生育支持措施的指导意见》，将婚嫁、生育、养育、教育一体考虑，提出了20项具体举措，以切实解决家庭后顾之忧。在托育政策的支持下，全国各地的托育机构像雨后春笋般涌现。父母可以送家里的婴幼儿入托，进而能够回到工作岗位。这不仅能够解决双职工的后顾之忧，在一定程度上缓解家庭的育儿压力，而且能够缓解社会压力，促进未来一代的健康成长，促进社会的和谐发展。

Q 政策支持

《关于进一步完善和落实积极生育支持措施的指导意见》指出，"提升托育服务质量""鼓励有条件的普通高等学校和职业院校开设托育服务相关专业，加快培养专业人才。依法逐步实行托育从业人员职业资格准入制度。深入实施康养职业技能培训计划，加强托育岗位人员技能培训"。

---

① 庞丽娟、王红蕾、冀东莹等：《有效构建我国0—3岁婴幼儿教保服务体系的政策思考》，载《北京师范大学学报(社会科学版)》，2019(6)。

（二）促进婴幼儿托育服务行业的健康发展

首先，0～3岁婴幼儿阶段的教育是学校教育及人的终身教育的前期阶段，对人的发展起着重要的奠基作用，在整个教育体系中有着特殊的地位和作用。托育政策与法规作为教育政策与法规的组成部分，它的贯彻实施对于促进社会主义教育事业的发展，尤其是基础教育事业的发展，提高全民族的素质，培养社会主义现代化建设的接班人有着重要的作用。

其次，制定托育政策与法规有利于保障和促进托育事业的发展，提高托育工作的效率。托育政策与法规对0～3岁婴幼儿托育的地位、基本制度、管理体制、师资、教育投入与条件保障都做了明确规定，能够为托育事业的发展创造一个良好的外部环境。

目前我国各地托育机构资源严重缺乏，布局普遍不尽合理，离人们就近、就便入托的需求尚相距甚远。随着《国务院办公厅关于促进3岁以下婴幼儿照护服务发展的指导意见》《国务院办公厅关于促进养老托育服务健康发展的意见》《托育机构管理规范(试行)》《托育机构登记和备案办法(试行)》《托育机构保育指导大纲(试行)》及其他政策法规的颁布和实施，我国的托育事业正呈现出欣欣向荣的良好发展态势。总的来说，服务性是托育政策的核心，托育机构是托育服务实施的依托，标准是评估托育质量的基础，只有多方形成合力才能构建托育服务立体网络。

政策支持

《关于进一步完善和落实积极生育支持措施的指导意见》指出，"增加普惠托育服务供给"。具体内容包括：通过中央预算内投资支持和引导，实施公办托育服务能力建设项目和普惠托育服务专项行动，带动地方政府基建投资和社会投资；公办托育机构收费标准由地方政府制定，加强对普惠托育机构收费的监管；拓展社区托育服务功能，完善婴幼儿照护设施等基本公共服务设施；支持有条件的用人单位为职工提供福利性托育服务；加快制定出台家庭托育点管理办法；在满足学前教育普及的基础上，鼓励和支持有条件的幼儿园招收2～3岁幼儿。

（三）保障婴幼儿身心健康发展的权利

儿童是国家的未来、民族的希望。党的十八大以来，以习近平同志为核心的党中央把培养好少年儿童作为一项战略性、基础性工作，坚持儿童优先原则，保障儿童权利，法律法规政策体系进一步完善。国家在出台法律、制定政策、编制规划、部署工作时优先考虑儿童的利益和发展需求，儿童在健康、安全、教育、法律保护等领域的权利得以进一步实现。《中国儿童发展纲要(2021—2030年)》指出，要"加强儿童早期发展服务。建立健全多部门协作的儿童早期发展工作机制，开展涵盖良好健康、充足营养、回应性照护、早期学习、安全保障等多维度的儿童早期发展综合服务。加强对家庭和托育机构的婴幼儿早期发展指导服务。促进儿童早期发展服务进农村、进社区、进家庭，探索推广入户家访指导等适合农村边远地区儿童、困境儿童的早期发展服务模式"。同时提出，要"发展普惠托育服务体系。将婴幼儿照护服务纳入经济社会发展规划，研究编制托育服务发展专项规划，强化政策引导，综合运用土地、住房、财政、金融、人才等支持政策，扩大托育服务供给。大力发展多种形式的普惠托育服务，推

连线宝爸

现在托育机构很多，但布局并不合理。就拿我家附近来说，公立的只有一家，我们排了很久都没轮上；私立的不仅收费比较高，在课程的科学性上也令人担忧。作为家长，我觉得目前的状况并不能满足我的需求。

动建设一批承担指导功能的示范托育服务机构和社区托育服务设施，支持有条件的用人单位为职工提供托育服务，鼓励国有企业等主体积极参与各级政府推动的普惠托育服务体系建设，支持和引导社会力量依托社区提供普惠托育服务，鼓励和支持有条件的幼儿园招收 2—3 岁幼儿，制定家庭托育点管理办法。加大专业人才培养培训力度，依法逐步实行从业人员职业资格准入制度。制定完善托育服务的标准规范，加强综合监管，推动托育服务规范健康发展"。2019 年，《国务院办公厅关于促进 3 岁以下婴幼儿照护服务发展的指导意见》也强调发展 3 岁以下婴幼儿照护服务，必须按照儿童优先的原则，最大限度地保护婴幼儿，确保婴幼儿的安全和健康。遵循婴幼儿成长特点和规律，促进婴幼儿在身体发育、动作、语言、认知、情感与社会性等方面的全面发展。

（四）保障和促进托育服务机构规范发展

目前，我国托育服务处于刚刚起步阶段，无论是托育机构的服务供给体系、标准规范体系，还是相应的政策法规体系都亟待进一步建立和健全。0～3 岁托育服务机构在准入资质、服务标准、人员资质、课程质量、卫生安全、园所环境等方面，都需要进一步确立明确的建设标准与服务规范。

托育服务政策与法规对 0～3 岁婴幼儿托育行业的规范化有重要的指导和监督作用，对托育服务管理的科学化、规范化和法治化具有重要的意义和价值。托育机构和各级行政部门按照托育服务政策与法规进行管理，可以避免工作中的盲目性，有利于提高托育工作的管理效果与效率。同时，托育机构保育人员通过学习，熟悉托育服务法规与政策，也能够树立法治意识与规范保育思想，遵守保育人员岗位职责和基本规范，从而具备良好的职业道德和专业认同感，树立正确的保育观念，坚持儿童优先，保障儿童权利。

拓展阅读

《中华人民共和国母婴保健法》

《中华人民共和国母婴保健法》是为了保障母亲和婴儿健康，提高出生人口素质，根据宪法制定的。该法于 1994 年 10 月 27 日第八届全国人民代表大会常务委员会第十次会议通过，2009 年第十一届全国人民代表大会常务委员会第十次会议、2017 年第十二届全国人民代表大会常务委员会第三十次会议做过两次修正。

若想了解该法全文，可以扫描二维码阅读。

文本资源

《中华人民共和国母婴保健法》

拓展阅读

五大关键词支持托育服务发展　小托育纳入大规划

2022 年，国家卫生健康委员会、国家发展和改革委员会等 17 个部门印发了《关于进一步完善和落实积极生育支持措施的指导意见》，要求加快建立积极生育支持政策体系，为推动实现适度生育水平、促进人口长期均衡发展提供有力支撑。

其中，加快构建托育服务体系是落实积极生育支持政策的一个非常重要的方面。《"十四五"公共服务规划》涉及多个行业、多个领域，其中就有"每千人口拥有 3 岁以下婴幼儿托位数（个）"这一托育的指标。把"小托育"纳入"大规划"，这在我国经济社会发展史上还是第一次，足见方方面面对发展托育服务的高度重视，发展托育服务的重要性不言而喻。

调查显示，城市中大概有 1/3 的家庭有托育的需求，但现实中供给不足，特别是普惠性的服务供给是个短板。各方面的研究表明，发展托育服务对于减轻家庭负担、提高生育意愿具有明显的作用。为了支持托育服务的发展，《关于进一步完善和落实积极生育支持措施的指导意见》重点围绕五个关键词下功夫——基本、普惠、投资、收费、减负。

基本，就是强化基本公共服务。拓展社区托育服务功能，完善婴幼儿照护设施等基本公共服务设施，实施公办托育服务能力建设项目，突出对幼有所育的基本民生保障。

普惠，就是增加普惠性服务。发展公办托育机构，鼓励社会力量来投资，支持用人单位举办，建设社区服务网点，探索家庭托育模式。

投资，就是加大投资支持力度。拓宽托育建设项目申报范围，中央预算内投资加大支持力度给予建设补贴，对符合条件的普惠性项目给予适当支持。

收费，就是规范各类服务收费。明确公办托育机构收费标准由地方政府来制定，加强对普惠托育机构收费的监管，合理确定托育服务的价格。

减负，就是减轻机构经营负担。除了中央预算内投资专项支持以外，托育机构用水用电用气用热按照居民生活类价格执行，各地也要出台支持托育机构发展的一揽子政策。

（资料来源：熊建，《小托育纳入大规划（大健康观察）》，载《人民日报海外版》，2022-08-23。）

学习效果检测

一、简答题

托育服务政策与法规的制定有什么意义？

二、材料分析题

自《国务院办公厅关于促进 3 岁以下婴幼儿照护服务发展的指导意见》颁布后，有多项托育政策相继出台，如《中华人民共和国国民经济和社会发展第十四个五年规划和2035 年远景目标纲要》《"十四五"积极应对人口老龄化工程和托育建设实施方案》等。

请结合以上材料，分析托育服务政策制定的实践意义，并从个人角度思考托育服务政策对个人发展的意义。

文本资源

参考答案

实操巩固

实训内容	收集三个用到托育服务政策与法规的工作场景（可以图片或文字呈现），说明托育服务政策与法规在其中所起的作用。
人员构成	小组（3～5 人）。
呈现方式	成果：工作场景集＋说明 1 份。 展示：汇报多媒体课件 1 份。
注意事项	小组内部要分工明确，并在成果中注明； 工作场景若用图片呈现，拍摄的时候需征得托育机构或当事人的同意； 相关的政策运用要有针对性、科学性、可行性。

学习模块二
托育服务事业发展宏观政策

要保证托育服务事业的健康、可持续发展，必须制定相应的政策与法规，为0～3岁婴幼儿教养事业提供基本的制度保障。托育服务事业发展政策与法规是指导、规范和约束托育服务的导向性文件，是保护婴幼儿基本权利的依据，体现了婴幼儿早教事业发展的基本趋势。为此，本学习模块介绍了有关托育服务事业发展的政策与法规，以期帮助学习者从中获得相关政策性知识。

学习导图

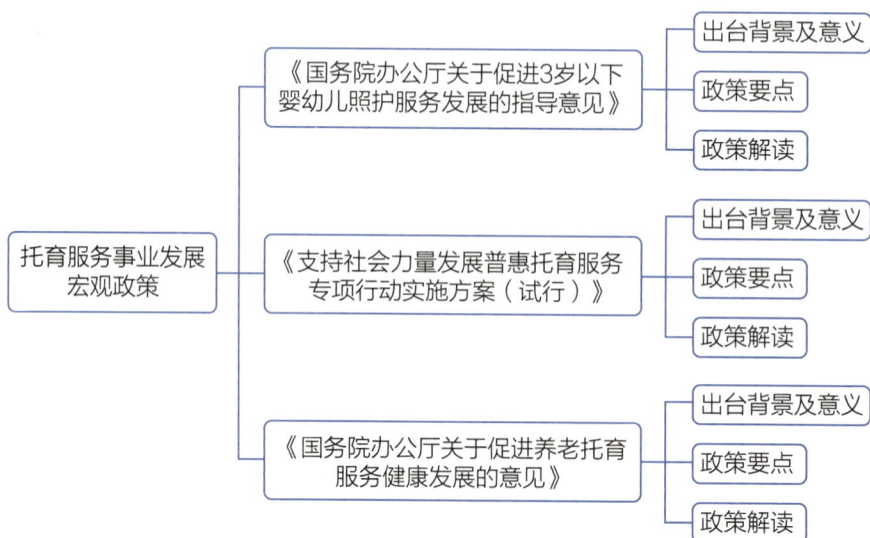

托育服务事业发展宏观政策

- 《国务院办公厅关于促进3岁以下婴幼儿照护服务发展的指导意见》
  - 出台背景及意义
  - 政策要点
  - 政策解读
- 《支持社会力量发展普惠托育服务专项行动实施方案（试行）》
  - 出台背景及意义
  - 政策要点
  - 政策解读
- 《国务院办公厅关于促进养老托育服务健康发展的意见》
  - 出台背景及意义
  - 政策要点
  - 政策解读

学习初体验

以小组为单位，课前收集历年发布的与托育服务相关的政策，并按发布时间排序。

学习任务 1
《国务院办公厅关于促进 3 岁以下婴幼儿照护服务发展的指导意见》

学习任务单

学习目标	①了解《国务院办公厅关于促进 3 岁以下婴幼儿照护服务发展的指导意见》的出台背景； ②掌握《国务院办公厅关于促进 3 岁以下婴幼儿照护服务发展的指导意见》提出的主要任务、保障措施； ③依据《国务院办公厅关于促进 3 岁以下婴幼儿照护服务发展的指导意见》的有关要求，提高对婴幼儿照护服务的重视程度； ④在婴幼儿照护服务实践中，能够恰当运用婴幼儿照护政策与法规指导自己的实际工作，提升教养能力。	
学习要点	①了解《国务院办公厅关于促进 3 岁以下婴幼儿照护服务发展的指导意见》提出的基本原则、发展目标； ②掌握《国务院办公厅关于促进 3 岁以下婴幼儿照护服务发展的指导意见》提出的主要任务、保障措施。	
学习建议	学习前	查阅当今我国相关的人口政策和托育扶持政策。
	学习中	完成本任务的学习，讨论《国务院办公厅关于促进 3 岁以下婴幼儿照护服务发展的指导意见》的主要内容。
	学习后	查阅、了解全国各地为落实《国务院办公厅关于促进 3 岁以下婴幼儿照护服务发展的指导意见》而实施的具体举措。
学习运用	你觉得在哪些工作场景中可以运用到所学内容？（由学生填写）	
学习反思	请记录你在学习过程中的相关思考。（由学生填写）	

📚 **聚焦政策**

2019 年 5 月 10 日，国务院新闻办公室举行了国务院政策例行吹风会，请国家卫生健康委员会、国家发展和改革委员会、教育部、人力资源和社会保障部、住房和城乡建设部的有关负责人介绍了 3 岁以下婴幼儿照护服务方面的有关情况，并答记者问。

《国务院办公厅关于促进 3 岁以下婴幼儿照护服务发展的指导意见》首次为托育行业发展提供了国家级的指导意见，是做好婴幼儿照护服务工作的纲领性文件。

一、出台背景及意义

近年来，我国的少子化、老龄化现象日趋严重。为此，国家于 2013 年启动单独二孩政策，并于 2016 年实施全面二孩政策。但全面二孩政策实施以来，出生人口数量仍旧下降，可见群众生育意愿有待释放。调研发现，"没人带孩子"成为制约家庭再生育的主要因素。婴幼儿照护服务有效供给严重不足，存在需求大、服务少、困难多的"幼无所托"现象。为解决家庭再生育的后顾之忧，满足广大群众对婴幼儿照护服务日益旺盛的需求，2017 年党的十九大首次提出将"幼有所育"作为保障和改善民生工作的重要内容之一。2019 年，李克强总理在《政府工作报告》中指出："婴幼儿照护事关千家万户。要针对实施全面两孩政策后的新情况，加快发展多种形式的婴幼儿照护服务，支持社会力量兴办托育服务机构，加强儿童安全保障。"

🔍 **拓展阅读**

0～3 岁婴幼儿托育服务情况调查

第一，需求大。2016 年，国家卫生健康委员会在北京、上海、广州、深圳等 10 个城市就 3 岁以下婴幼儿托育服务情况开展了专题调研。调查结果显示，有超过 1/3 的受访者有社会托育服务需求。2017 年，中国人民大学与国务院妇女儿童工作委员会也在天津、黑龙江、山东、四川开展了城市 0～3 岁婴幼儿托育服务需求和供给抽样调查。调查结果显示，48% 的受访者有社会托育服务需求。

第二，服务少。形成鲜明对比的是，0～3 岁婴幼儿托育服务的供给严重滞后。基于《中国人口与就业统计年鉴》中婴幼儿人口总量和教育部提供的 3 岁前婴幼儿在各类性质机构接受服务的人口计算，在所有入托（入园）的孩子中，3 岁以下婴幼儿占比仅为 2.36%。在大城市，国家卫生健康委员会的调研数据显示，城市 3 岁以下婴幼儿在各类托育机构的入托率仅为 4.1%。

第三，困难多。未入托机构的主要原因有"附近没有接收 3 岁以下孩子的托育机构"（30.1%）和"费用太高"（21.6%）。60.7% 的一孩母亲因为"没人看孩子"而不愿生育二孩。

（资料来源：林丽鹂，《让带娃的日子少点辛苦》，载《人民日报》，2019-04-03。）

在此背景下，婴幼儿照护领域的顶层设计、引导我们今后做好婴幼儿照护服务工作的纲领性文件应运而生。2019 年 5 月，《国务院办公厅关于促进 3 岁以下婴幼儿照护服务发展的指导意见》发布，明确提出"建立完善促进婴幼儿照护服务发展的政策法规体系、标准规范体系和服务供给体系""多种形式开展婴幼儿照护服务，逐步满足人民群众对婴幼儿照护服务的需求"。托育服务是婴幼儿照护服务的重要组成部分，是"幼有所育"的重要内容，是关系人民群众幸福感和获得感的重要民生事项。国家从顶层设计的高度，秉承着为人民服务的思想，急群众之所急，想群众之所想，满足家庭对托育服务的需求。

婴幼儿照护服务是生命全周期服务管理的重要内容，这一阶段所接受的照护服务对婴幼儿一生有着长久影响，事关婴幼儿健康成长，事关千家万户。因此，将婴幼儿照护服务纳入经济社会发展规划，以需求和问题为导向，推进供给侧结构性改革，建立完善促进婴幼儿照护服务发展的政策法规体系、标准规范体系和服务供给体系，有利于进一步促进婴幼儿健康成长、广大家庭和谐幸福和经济社会持续发展。

国家提出幼有所育，推出促进3岁以下婴幼儿照护服务发展等一系列政策，实为涉及人口、社会、经济和教育的综合性政策，旨在鼓励生育、增加出生人口数量与提高人口素质，将直接影响当前和未来我国经济、社会发展的大局。完善生育配套措施、释放育龄青年潜能，对改善人口结构、应对人口老龄化、保持人力资源禀赋优势意义重大。

二、政策要点

（一）基本结构

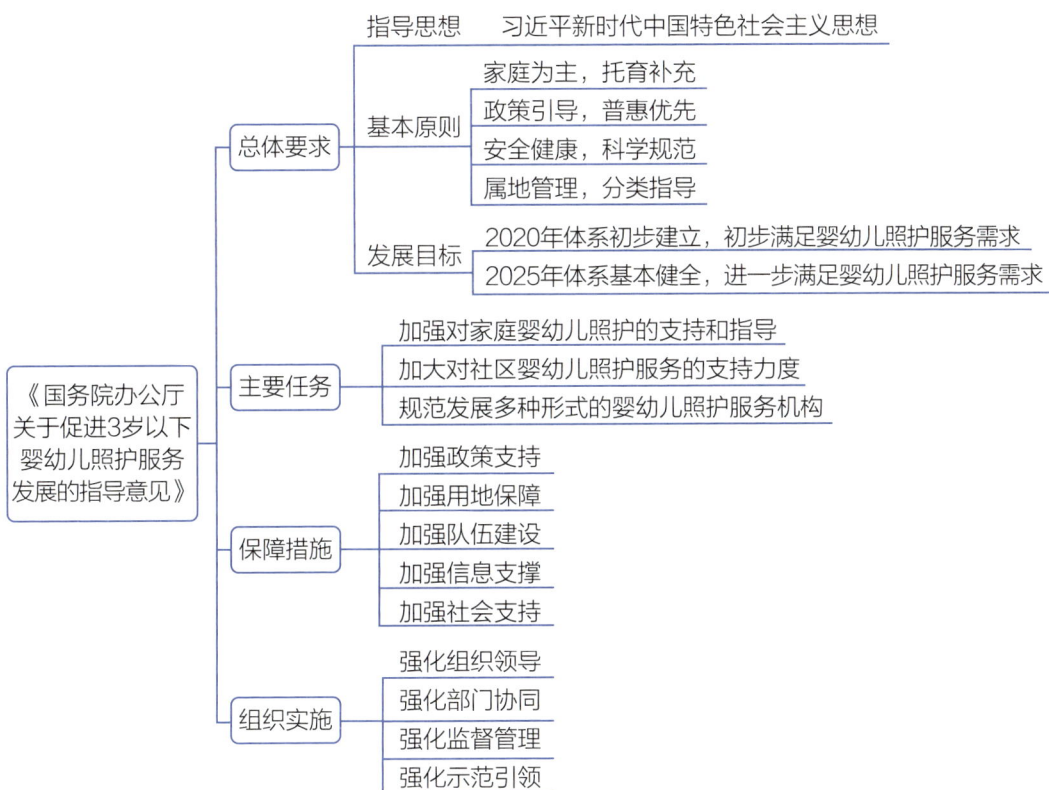

文本资源

《国务院办公厅关于促进3岁以下婴幼儿照护服务发展的指导意见》

（二）主要内容

《国务院办公厅关于促进3岁以下婴幼儿照护服务发展的指导意见》（以下简称《指导意见》）包括总体要求、主要任务、保障措施和组织实施四部分。

1. 总体要求

（1）指导思想

以习近平新时代中国特色社会主义思想为指导，全面贯彻党的十九大和十九届二中、三中全会精神，按照统筹推进"五位一体"总体布局和协调推进"四个全面"战略布局要求，坚持以人民为中心的发展思想，以需求和问题为导向，推进供给侧结构性改革，建立完善促进婴幼儿照护服务发展的政策法规体系、标准规范体系和服务供给体系，充分调动社会力量的积极性，多种形式开展婴幼儿照护服务，逐步满足人民群众对婴幼儿照护服务的需求，促进婴幼儿健康成长、广大家庭和谐幸福、经济社会持续发展。

（2）基本原则

《指导意见》确立了4条基本原则。一是家庭为主，托育补充。重点是为家庭提供科学养育指导，并对确有照护困难的家庭或婴幼儿提供必要的服务。二是政策引导，普惠优先。充分调动社会力量积极性，优先支持普惠性婴幼儿照护服务机构。三是安全健康，科学规范。按照儿童优先的原则，最大限度地保护婴幼儿。四是属地管理，分类指导。在地方政府领导下，从实际出发，综合考虑城乡、区域发展特点，根据经济社会发展水平、工作基础和群众需求，有针对性地开展婴幼儿照护服务。

（3）发展目标

到 2020 年，婴幼儿照护服务的政策法规体系和标准规范体系初步建立，建成一批具有示范效应的婴幼儿照护服务机构，婴幼儿照护服务水平有所提升，人民群众的婴幼儿照护服务需求得到初步满足。

到 2025 年，婴幼儿照护服务的政策法规体系和标准规范体系基本健全，多元化、多样化、覆盖城乡的婴幼儿照护服务体系基本形成，婴幼儿照护服务水平明显提升，人民群众的婴幼儿照护服务需求得到进一步满足。

2. 主要任务

《指导意见》提出的主要任务如下。一是加强对家庭婴幼儿照护的支持和指导。全面落实产假政策，鼓励用人单位采取灵活安排工作时间等积极措施，支持脱产照护婴幼儿的父母重返工作岗位，加强对家庭的婴幼儿早期发展指导。二是加大对社区婴幼儿照护服务的支持力度。建设婴幼儿照护服务设施及配套安全设施，发挥城乡社区公共服务设施的婴幼儿照护服务功能，支持和引导社会力量依托社区提供婴幼儿照护服务。三是规范发展多种形式的婴幼儿照护服务机构。支持婴幼儿照护服务机构提供多样化、多层次婴幼儿照护服务，支持用人单位提供福利性婴幼儿照护服务，鼓励支持有条件的幼儿园开设托班。

3. 保障措施

《指导意见》提出了保障措施以推动婴幼儿照护服务高质量发展。第一，加强政策支持；第二，加强用地保障；第三，加强队伍建设；第四，加强信息支撑；第五，加强社会支持。

4. 组织实施

第一，强化组织领导；第二，强化部门协同；第三，强化监督管理；第四，强化示范引领。

《指导意见》还明确了发展改革部门、教育部门、人力资源社会保障部门等 17 个部门和单位的职责分工，为《指导意见》的组织实施提供支持。

三、政策解读

（一）国家主推，完善顶层设计——回答好"为谁服务"

《指导意见》中"指导思想"部分指出，"以习近平新时代中国特色社会主义思想为指导，全面贯彻党的十九大和十九届二中、三中全会精神，按照统筹推进'五位一体'总体布局和协调推进'四个全面'战略布局要求，坚持以人民为中心的发展思想，以需求和问题为导向，推进供给侧结构性改革，建立完善促进婴幼儿照护服务发展的政策法规体系、标准规范体系和服务供给体系，充分调动社会力量的积极性，多种形式开展婴幼儿照护服务"。国家高度重视，在顶层设计上推进婴幼儿照护服务的发展。

（二）多部门负责，协调合作——明确好"谁来服务"

婴幼儿照护服务的实施需要多方面的配合。第一，强化各部门的协同。婴幼儿照护服务发展工作由卫生健康部门牵头，发展改革、教育、公安、民政、财政、人力资源社会保障、自然资源、住房城乡建设、应急管理、税务、市场监管等部门要按照各自职责，加强对婴幼儿照护服务的指导、监督和管理。比如，卫生健康部门牵头婴幼儿照护服务发展工作，负责组织制定婴幼儿照护服务的政策规范，协调相关部门做好对婴幼儿照护服务机构的监督管理，负责婴幼儿照护卫生保健和婴幼儿早期发展的业务指导。教育部、人力资源和社会保障部等相关部门也要按照《指导意见》中的职责分工，履行相应的职责。在横向上，从国务院到各部门共同协调推进0～3岁婴幼儿照护服务发展，协调与解决工作中的困难和问题。

第二，强化地方政府的主要责任。在纵向上，从国家到地方各级政府高度重视。《指导意见》明确指出，地方政府对婴幼儿照护服务的规范发展和安全监管负主要责任，制定婴幼儿照护服务的规范细则，各相关部门按照各自职责负监管责任。对履行职责不到位、发生安全事故的，要严格按照有关法律法规追究相关人员的责任。

> ☀ **小提示**
>
> 我国目前现存的托育服务种类繁多，按照提供主体可以分为三类：政府主导模式、市场主导模式和企事业主导模式。
>
> **政府主导模式**包括政府直接提供和政府购买服务。
>
> **市场主导模式**包括民办幼儿园（普惠性和非普惠性）、"教育咨询"类早教机构、其他提供托管服务的机构、家庭式托育服务和育儿嫂等。
>
> **企事业主导模式**包括企事业直接提供、企事业购买专业服务、企事业购买非专业服务。

（三）三管齐下，高质量发展托育服务——制定好"怎么服务"

家庭、社区、婴幼儿照护服务机构三方在婴幼儿照护服务发展中扮演着十分重要的角色。为此，《指导意见》紧紧围绕各方的薄弱点，提出了三大主要任务。一是加强对家庭婴幼儿照护的支持和指导，并提出了多项支持措施。二是依托公共设施，汇聚关爱力量，利用社区综合体等公共服务设施开展优质、便民、平价的婴幼儿照护服务。三是规范机构运营，汇聚专业力量，使婴幼儿照护服务更多元。

> ○ **政策支持**
>
> 《指导意见》指出：人的社会化进程始于家庭，儿童监护抚养是父母的法定责任和义务，家庭对婴幼儿照护负主体责任。发展婴幼儿照护服务的重点是为家庭提供科学养育指导，并对确有照护困难的家庭或婴幼儿提供必要的服务。
>
> 加强对家庭的婴幼儿早期发展指导，通过入户指导、亲子活动、家长课堂等方式，利用互联网等信息化手段，为家长及婴幼儿照护者提供婴幼儿早期发展指导服务，增强家庭的科学育儿能力。
>
> 切实做好基本公共卫生服务、妇幼保健服务工作，为婴幼儿家庭开展新生儿访视、膳食营养、生长发育、预防接种、安全防护、疾病防控等服务。

学习笔记

连线宝妈

在养孩子这件事上，我就是在摸着石头过河，生怕自己的无知与疏忽让孩子有什么闪失……养孩子的学问一点儿都不简单，谁能来帮帮我呢？

连线宝妈

孩子3岁后就能上幼儿园了,可3岁前怎么办?父母年龄大了,精力有限;我和老公都要上班养家。那么问题来了,孩子谁来管?而且我们是进城务工人员,家在农村,孩子在城市能享受到婴幼儿照护服务吗?

政策支持

《指导意见》指出:加大对社区婴幼儿照护服务的支持力度。

发挥城乡社区公共服务设施的婴幼儿照护服务功能,加强社区婴幼儿照护服务设施与社区服务中心(站)及社区卫生、文化、体育等设施的功能衔接,发挥综合效益。支持和引导社会力量依托社区提供婴幼儿照护服务。发挥网格化服务管理作用,大力推动资源、服务、管理下沉到社区,使基层各类机构、组织在服务保障婴幼儿照护等群众需求上有更大作为。

加大对农村和贫困地区婴幼儿照护服务的支持,推广婴幼儿早期发展项目。

地方各级政府要将需要独立占地的婴幼儿照护服务设施和场地建设布局纳入相关规划,新建、扩建、改建一批婴幼儿照护服务机构和设施。城镇婴幼儿照护服务机构建设要充分考虑进城务工人员随迁婴幼儿的照护服务需求。

支持用人单位以单独或联合相关单位共同举办的方式,在工作场所为职工提供福利性婴幼儿照护服务,有条件的可向附近居民开放。鼓励支持有条件的幼儿园开设托班,招收2至3岁的幼儿。

各类婴幼儿照护服务机构可根据家庭的实际需求,提供全日托、半日托、计时托、临时托等多样化的婴幼儿照护服务;随着经济社会发展和人民消费水平提升,提供多层次的婴幼儿照护服务。

连线宝爸

虽说有机构可以照护孩子,但我还是会有各种各样的担忧。孩子的安全能否得到保障?这个年龄段的孩子免疫力都很低下,会不会有感染传染病的风险啊?照护人员够不够专业?他们能照护好我的孩子吗?

政策支持

《指导意见》提出了"安全健康,科学规范"的基本原则。按照儿童优先的原则,最大限度地保护婴幼儿,确保婴幼儿的安全和健康。遵循婴幼儿成长特点和规律,促进婴幼儿在身体发育、动作、语言、认知、情感与社会性等方面的全面发展。

落实各类婴幼儿照护服务机构的安全管理主体责任,建立健全各类婴幼儿照护服务机构安全管理制度,配备相应的安全设施、器材及安保人员。依法加强安全监管,督促各类婴幼儿照护服务机构落实安全责任,严防安全事故发生。

加强婴幼儿照护服务机构的卫生保健工作。认真贯彻保育为主、保教结合的工作方针,为婴幼儿创造良好的生活环境,预防控制传染病,降低常见病的发病率,保障婴幼儿的身心健康。各级妇幼保健机构、疾病预防控制机构、卫生监督机构要按照职责加强对婴幼儿照护服务机构卫生保健工作的业务指导、咨询服务和监督检查。

加强婴幼儿照护服务专业化、规范化建设,遵循婴幼儿发展规律,建立健全婴幼儿照护服务的标准规范体系。各类婴幼儿照护服务机构开展婴幼儿照护服务必须符合国家和地方相关标准和规范,并对婴幼儿的安全和健康负主体责任。运用互联网等信息化手段对婴幼儿照护服务机构的服务过程加强监管,让广大家长放心。建立健全婴幼儿照护服务机构备案登记制度、信息公示制度和质量评估制度,对婴幼儿照护服务机构实施动态管理。依法逐步实行工作人员职业资格准入制度,对虐童等行为零容忍,对相关个人和直接管理人员实行终身禁入。婴幼儿照护服务机构设置标准和管理规范由国家卫生健康委制定,各地据此做好婴幼儿照护服务机构核准登记工作。

加强对婴幼儿照护服务的监督管理,建立健全业务指导、督促检查、考核奖惩、安全保障和责任追究制度,确保各项政策措施、规章制度落实到位。按照属地管理和分工负责的原则，地方政府对婴幼儿照护服务的规范发展和安全监管负主要责任，制定婴幼儿照护服务的规范细则，各相关部门按照各自职责负监管责任。对履行职责不到位、发生安全事故的，要严格按照有关法律法规追究相关人员的责任。

（四）多重举措，保障托育服务的发展——落实好"谁来保障"

众所周知，婴幼儿照护服务的发展受多方面因素的影响，其既离不开政策的支持，又离不开人力、物力的保障。为此，《指导意见》提出了一系列保障措施，以全方位保障婴幼儿照护服务的高质量发展。

Q 政策支持

在政策支持方面，《指导意见》指出："充分发挥市场在资源配置中的决定性作用，梳理社会力量进入的堵点和难点，采取多种方式鼓励和支持社会力量举办婴幼儿照护服务机构。"

在用地保障方面，《指导意见》指出："将婴幼儿照护服务机构和设施建设用地纳入土地利用总体规划、城乡规划和年度用地计划并优先予以保障……对婴幼儿照护服务设施和非营利性婴幼儿照护服务机构建设用地，符合《划拨用地目录》的，可采取划拨方式予以保障。"

在队伍建设方面，《指导意见》指出："高等院校和职业院校（含技工院校）要根据需求开设婴幼儿照护相关专业，合理确定招生规模、课程设置和教学内容，将安全照护等知识和能力纳入教学内容，加快培养婴幼儿照护相关专业人才。将婴幼儿照护服务人员作为急需紧缺人员纳入培训规划，切实加强婴幼儿照护服务相关法律法规培训，增强从业人员法治意识。"

在信息支撑方面，《指导意见》指出："充分利用互联网、大数据、物联网、人工智能等技术，结合婴幼儿照护服务实际，研发应用婴幼儿照护服务信息管理系统，实现线上线下结合，在优化服务、加强管理、统计监测等方面发挥积极作用。"

在社会支持方面，《指导意见》指出："加快推进公共场所无障碍设施和母婴设施的建设和改造，开辟服务绿色通道，为婴幼儿出行、哺乳等提供便利条件，营造婴幼儿照护友好的社会环境。企业利用新技术、新工艺、新材料和新装备开发与婴幼儿照护相关的产品必须经过严格的安全评估和风险监测，切实保障安全性。"

◎ 连线职场

面向 3 岁以下婴幼儿的照护服务政策真是一项造福百姓的好政策。可是政策归政策，实施起来又会是什么样的呢？政府会如何支持该政策的实施？具体的保障措施有哪些呢？

Q 拓展阅读

全国妇联推进落实《国务院办公厅关于促进 3 岁以下婴幼儿照护服务发展的指导意见》的意见

《国务院办公厅关于促进 3 岁以下婴幼儿照护服务发展的指导意见》发布后，中华全国妇女联合会为了更好满足妇女群众和家庭对 3 岁以下婴幼儿照护服务的需求，切实发挥妇联组织引领、服务、联系妇女的职能作用，提出了推进落实《国务院办公厅关于促进 3 岁以下婴幼儿照护服务发展的指导意见》的意见，从坚持正确的育人方向、深入开展家庭科学育儿指导服务、积极探索多种形式的托育服务、参与推进婴幼儿照护服务事业发展四方面提出了具体要求。如想了解全文，可扫描二维码获取。

文市资源

《全国妇联推进落实《国务院办公厅关于促进 3 岁以下婴幼儿照护服务发展的指导意见》的意见》

学习效果检测

一、判断题

1. 发展婴幼儿照护服务的重点是为家庭提供科学养育指导，并对确有照护困难的家庭或婴幼儿提供必要的服务。（   ）

2. 举办非营利性婴幼儿照护服务机构的，应在婴幼儿照护服务机构所在地的市级以上机构编制部门或民政部门注册登记。（   ）

3. 不支持用人单位以单独或联合相关单位共同举办的方式，在工作场所为职工提供福利性婴幼儿照护服务。（   ）

4. 建立健全婴幼儿照护服务机构备案登记制度、信息公示制度和质量评估制度，对婴幼儿照护服务机构实施动态管理。（   ）

5. 婴幼儿照护服务发展工作由卫生健康部门牵头，发展改革、教育、公安、民政、财政等15个部门要按照各自职责，加强对婴幼儿照护服务的指导、监督和管理。（   ）

6. 按照属地管理和分工负责的原则，地方政府对婴幼儿照护服务的规范发展和安全监管负主要责任。（   ）

文本资源

参考答案

二、简答题

1. 简述《指导意见》提出的发展目标。

2. 简述《指导意见》提出的保障措施。

3. 简述《指导意见》颁布的意义。

三、材料分析题

自《指导意见》颁布后，全国31个省、自治区、直辖市和新疆生产建设兵团陆续出台了贯彻《指导意见》的实施意见，多地建立了促进3岁以下婴幼儿照护服务发展工作联席会议制度。浙江、江苏等地先行先试，加强组织领导、做好规划引领、加快人才培养、增加投入保障、组织综合监管，推动多种形式的托育服务发展，形成了一系列可推广的经验；上海等地将婴幼儿照护服务纳入政府为民办实事项目；重庆为提供社区托育服务的企业减免契税、房产税、城镇土地使用税。

请结合以上材料选择一个地区，分析该地区关于促进3岁以下婴幼儿照护服务发展的实施意见是如何支持当地的婴幼儿照护服务机构建设的。

实操巩固

实训内容	将学校所在地区分成若干个片区，分小组调查各个片区现有的婴幼儿照护服务机构的形式，并就如何规范发展这些机构提出建议。
人员构成	小组（3～5人）。
呈现方式	成果：调研分析报告1份。 展示：汇报多媒体课件1份。
注意事项	小组内部要分工明确，并在成果中注明； 对所收集到的婴幼儿照护服务机构进行分类； 所提的建议要有针对性、科学性、可行性。

学习任务2
《支持社会力量发展普惠托育服务专项行动实施方案(试行)》

学习任务单

学习目标	①了解《支持社会力量发展普惠托育服务专项行动实施方案(试行)》的出台背景、指导思想、总体思路等; ②掌握《支持社会力量发展普惠托育服务专项行动实施方案(试行)》的基本原则、工作目标、工作任务; ③依据《支持社会力量发展普惠托育服务专项行动实施方案(试行)》的要求,在普惠托育服务实践中,能够恰当运用所学到的内容指导自己的实际工作。	
学习要点	①了解《支持社会力量发展普惠托育服务专项行动实施方案(试行)》的出台背景、指导思想、总体思路等; ②掌握《支持社会力量发展普惠托育服务专项行动实施方案(试行)》的基本原则、工作目标、工作任务。	
学习建议	学习前	查阅当今我国相关的人口政策和托育扶持政策。
	学习中	完成本任务的学习,讨论《支持社会力量发展普惠托育服务专项行动实施方案(试行)》的基本原则和工作目标。
	学习后	查阅、了解全国各地为落实《支持社会力量发展普惠托育服务专项行动实施方案(试行)》而实施的具体举措。
学习运用	你觉得在哪些工作场景中可以运用到所学内容?(由学生填写)	
学习反思	请记录你在学习过程中的相关思考。(由学生填写)	

聚焦政策

2024年5月23日，《国家卫生健康委办公厅关于开展2024年全国托育服务宣传月活动的通知》发布，提出2024年6月15日至7月15日为2024年全国托育服务宣传月。本次宣传月主题为"放心托育 方便可及"。通知要求：第一，深刻理解宣传主题，强调要扩大托育服务知晓度，倡导各地因地制宜发展社区托育、用人单位办托和家庭托育点，推动形成5分钟、10分钟托育服务圈。第二，准确把握宣传重点，宣传中央决策部署、宣传法律政策要求、宣传典型经验成效。第三，有序开展宣传活动，6月15日在湖南省长沙市举办宣传月启动仪式，召开托育服务优秀创新案例经验交流会，开展系列宣传报道。第四，从加强组织领导、丰富宣传形式、推动解决问题三方面提出了具体工作要求。

一、出台背景及意义

我国托育服务供给能力逐步提升，但缺口依然明显。要推动托育服务由"有"到"普"，需要从强化规划指标管理，扩大普惠托位的总量供给，推动开门办托，引导社会资源全面注入，强化要素保障，降低普惠服务提供成本，探索"真金白银"的补助机制，推动普惠服务长效落地等层面入手，发展普惠托育服务体系，推动建设一批方便可及、价格可接受、质量有保障的托育服务机构，实现我国婴幼儿照护服务体系建设一以贯之的"普惠优先"基本原则。0～3岁婴幼儿是社会上"最柔软的群体"。发展普惠托育服务是降低生育、养育、教育成本的组成部分，也是满足人民群众对婴幼儿照护服务需求的重要举措。

自2017年党的十九大报告对托育服务发展提出"幼有所育"的纲领性要求以来，2019年5月，《指导意见》提出"普惠优先"的基本原则，明确"大力推动婴幼儿照护服务发展，优先支持普惠性婴幼儿照护服务机构"，为新时期做好婴幼儿托育服务工作指明了方向。同年10月，国家发展和改革委员会、国家卫生健康委员会联合印发了《支持社会力量发展普惠托育服务专项行动实施方案（试行）》，强调通过发挥中央预算内投资示范带动作用和地方政府引导作用，增加普惠托育服务。这标志着托育服务进入了落地实施的新阶段。

二、政策要点

（一）基本结构

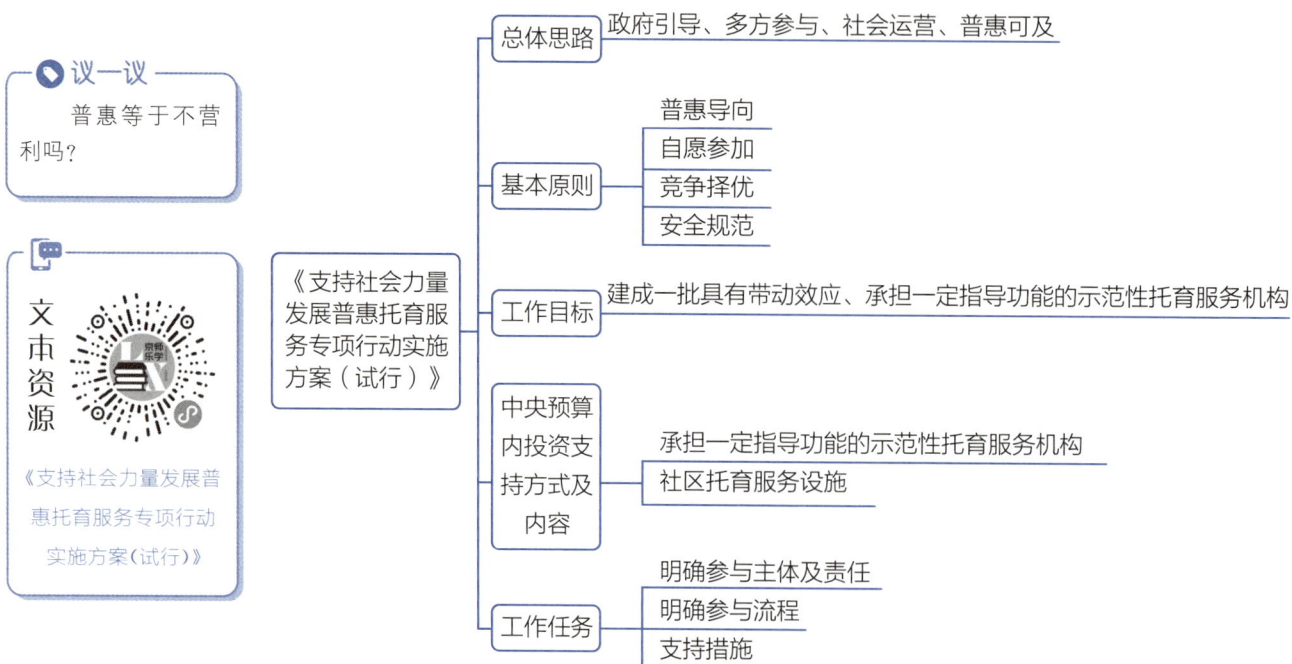

议一议

普惠等于不营利吗？

文本资源

《支持社会力量发展普惠托育服务专项行动实施方案（试行）》

(二)主要内容

1. 总体思路

《支持社会力量发展普惠托育服务专项行动实施方案(试行)》(以下简称《实施方案》)指出,3 岁以下托育服务属于非基本公共服务范围,是地方政府事权,要坚持社会化发展托育服务,围绕"政府引导、多方参与、社会运营、普惠可及",深入开展城企合作。

2. 基本原则

《实施方案》确立了 4 条基本原则。一是普惠导向。支持面向社会大众的普惠性托育服务项目,为婴幼儿家庭提供质量有保障、价格可承受、方便可及的托育服务。二是自愿参加。鼓励有积极性的城市自愿申报,鼓励信用好、有投资意愿的企业按照给定条件自愿申请,鼓励有资质的金融机构自愿参与。对企事业单位、营利非营利机构、国企民企、内资外资均一视同仁。三是竞争择优。优先考虑规划科学、基础扎实、政策力度大的城市;优先支持诚实守信、项目优质、专业能力强的企业;优先选择融资成本低、服务质量好的金融机构。四是安全规范。牢固树立安全意识,把婴幼儿安全和健康摆在最为突出的位置,严格执行相关法律法规。明确责任主体,做到建设和运营规范,监管到位,确保项目安全运行。

3. 工作目标

《实施方案》提出了以下工作目标:建成一批具有带动效应、承担一定指导功能的示范性托育服务机构,社区托育服务骨干网基本完善,普惠性托位数量大幅增加,服务内容不断丰富,服务质量明显提升,对专业人才队伍建设支撑更加有力,对家庭科学养育指导能力持续增强,更多更好惠及婴幼儿家庭。

4. 中央预算内投资支持方式及内容

《实施方案》还明确了中央预算内投资支持方式,即国家通过中央预算内投资,重点支持以下两类托育服务设施建设。一是承担一定指导功能的示范性托育服务机构。具备托育服务功能,设置一定规模的普惠性托位,并提供托育从业人员培训、托育机构管理咨询、家庭养育指导和社区亲子服务等服务。可以选址新建,也可利用早期教育指导中心、妇女儿童活动中心、妇女儿童之家等资源改扩建。二是社区托育服务设施。通过新建、改扩建,支持一批嵌入式、分布式、连锁化、专业化的社区托育服务设施建设,提供全日托、半日托、计时托、临时托等多样化的普惠托育服务。支持在新建居住区等配建托育服务设施;支持在老城区和已建成居住区新建、改扩建托育服务设施;支持学前教育机构等通过新建、改扩建等方式提供托育服务。鼓励托育服务设施与社区服务中心(站)及社区文化、体育、养老等设施共建共享。

政府机关、企事业单位利用自有土地或设施新建、改扩建托育服务设施,并对社会开放普惠性托位的,也可纳入以上两类支持范围。

5. 工作任务

《实施方案》提出的工作任务如下。

一是明确参与主体及责任。参与主体分别是城市政府和企业。城企双方签订合作协议,城市政府参照《地方政府支持政策清单》,明确政策支持具体内容,并确保优惠政策落实到位。《地方政府支持政策清单》分为必选项和自选项，必选项是城市申报专项行动的必要条件，自选项是专项行动择优遴选试点城市的重要参考依据，自选政策越多、政策含金量越高的城市优先纳入试点范围。企业要参照《企业责任承诺清单》，明确普惠性托育服务具体内容，向社会公开、接受监督。

二是明确参与流程。第一步，项目申报。有意愿的城市政府向省级发展改革委报送项目，提交政策承诺函。第二步，中央预算内投资适当补助。采用补助的方式，对于承担一定指导功能的示范性托育服务机构、社区托育服务设施，中央预算内投资按每个新增托位给予 1 万元的补助。第三步，资金下达。地方项目采用切块下达的方式，支持已开工或当年拟开工项目，即"××省××年支持社会力量发展普惠托育服务项目"，将中央预算内投资下达到相关省份，由省份在收到下达通知书 20 个工作日内将资金分解到具体项目。第四步，项目管理。城市政府对每个项目都要现场调研、查验，确保项目建设保时、保量、保质、保真，实施过程中的重大问题及时报省级和国家发展改革委、卫生健康委。

三是支持措施。主要从三方面给予支持。第一，金融支持。形成金融机构推荐名单并实行动态管理，与国家发展改革委签订备忘录，对参与专项行动的托育机构提供普惠金融服务。第二，信用评价。引入第三方信用服务机构，依托全国信用信息共享平台、国家企业信用信息公示系统和地方各级信用信息平台，整合公共信用信息和市场信用信息，对托育服务机构开展公共信用综合评价。推动实施托育服务行业守信联合激励和失信联合惩戒，建立托育服务机构及从业人员"黑名单"制度。第三，试点示范。2020 年开展专项行动试点，参与试点城市要依托示范性托育服务机构和社区托育服务设施建设，充分吸引社会力量广泛参与，强化政策支持和服务监管，扩大托育服务有效供给。在试点基础上，遴选支持社会力量发展普惠托育服务重点联系城市，通过现场经验交流、典型案例征集等形式，及时总结推广典型经验和先进做法。

三、政策解读

《实施方案》以习近平新时代中国特色社会主义思想为指导，目的在于激发社会力量的积极性，着力增加 3 岁以下婴幼儿普惠性托育服务有效供给，推动托育产业高质量发展；而普惠托育示范机构的深化发展，必将对我国的托育行业起到引领和示范的作用，补短板、强根基，提升托育服务需求满意度，为婴幼儿家庭提供质量有保障、价格可承受、方便可及的托育服务。

（一）按照总体思路，深入开展城企合作

从《实施方案》的总体思路来看，发展普惠托育体系，需政府、企事业单位、社区、家庭等多重主体共同参与。国家大力支持和鼓励发展托育服务行业，政府投资支持托育服务建设，同时鼓励社会资本参与发展普惠托育服务，对达到要求的托育机构提供资金补助，有助于增加托育供给渠道，提升托育机构服务品质，切实解决当下家庭和社会关注的婴幼儿托育难的问题。

在实施过程中，必须坚持以人民为中心的发展思想，遵循婴幼儿身心发展规律，按照"政府引导、多方参与、社会运营、普惠可及"的方针，构建并完善以社会办园为主体、公共服务为补充，广覆盖、保基本、有质量的婴幼儿早期发展服务体系，满足人民群众多层次、多样化的托育服务需求，促进婴幼儿健康成长、广大家庭和谐幸福。

□ 连线宝爸
最近在为孩子挑选托育机构。我发现，有些托育机构是企业或者社会组织创办的。它们是否合规？国家对此有没有什么规定？

🔍 政策支持
《实施方案》指出："国家通过中央预算内投资，支持和引导城市政府（包括设区市、自治州和县（市、区）等，下同）系统规划建设托育服务体系。城市政府提供全方位政策支持清单。企业（含企业、事业单位、社会组织等，下同）提供普惠托育服务清单，向社会公开、接受监督。城企双方签订合作协议，扩大普惠性托育服务有效供给，满足家庭多层次、多样化托育服务需求，增强人民群众获得感、幸福感和安全感。"

（二）坚持基本原则，规范普惠托育服务

《实施方案》要求，坚持普惠导向、自愿参加、竞争择优、安全规范的原则，争取为婴幼儿家庭提供质量有保障、价格可承受、方便可及的托育服务。

2019年，李克强总理在《政府工作报告》中就提出，"要针对实施全面两孩政策后的新情况，加快发展多种形式的婴幼儿照护服务，支持社会力量兴办托育服务机构，加强儿童安全保障"。《实施方案》中的基本原则，与这一工作任务显然是一致的。在政策的引导和旺盛的消费需求的推动下，普惠托育服务市场势必迎来发展。随着供给加大，"无处可托"的问题将逐步好转。

（三）紧紧锚定工作目标，重点支持两类托育服务设施建设

《实施方案》指出，国家通过中央预算内投资，重点支持两类托育服务设施建设。一是承担一定指导功能的示范性托育服务机构，二是社区托育服务设施。通过新建、改扩建，因地制宜，以灵活多样的方式，最终建设一批与常住人口规模相适应的婴幼儿活动场所及配套服务设施。

政策支持

《实施方案》指出："示范性托育服务机构可以选址新建，也可利用早期教育指导中心、妇女儿童活动中心、妇女儿童之家、家庭教育指导服务中心、学前教育机构、计划生育服务机构、月子中心、家政服务公司等资源改扩建（含改建、扩建，下同）。"

政策支持

《实施方案》指出："通过新建、改扩建，支持一批嵌入式、分布式、连锁化、专业化的社区托育服务设施建设，提供全日托、半日托、计时托、临时托等多样化的普惠托育服务。"

（四）高效完成工作任务，确保政策落地

为推动托育服务体系建设，政府充分调动社会力量，支持符合条件的社会组织、企业、事业单位和个人多方参与，营造共同承担社会责任的托育服务氛围，为适龄婴幼儿提供规范化、多层次、多样化、可选择的托育服务。《实施方案》明确了参与主体及责任。

政策支持

《实施方案》指出："企业负责落实投资、明确建设内容及运营方案，并可通过自营、委托运营等方式提供普惠性托育服务。"

"采用补助的方式，对于承担一定指导功能的示范性托育服务机构、社区托育服务设施，中央预算内投资按每个新增托位给予1万元的补助。"

企业必须承担以下责任："严格执行托育管理的相关政策和规范。""承担一定指导功能的示范性托育服务机构科学测算年度培训任务、社区亲子活动和家庭托育指导任务，制定年度计划，并接受相关部门考核。""确保将政府提供的托育用地或用房用于托育机

学习笔记

连线宝妈

小区里有一所由月子中心改建的托育机构，其称自己是国家重点支持的示范性托育服务机构，不知道是不是真的。

连线宝爸

我是一名自由职业者，忙起来无暇顾及孩子，所以想把孩子送到托育机构中去，但有时候闲下来我也会在家待上一段时间，这段时间我自己也可以带孩子。不知道机构是否提供这种比较灵活的托育服务？

连线职场

自从有了国家政策的支持，托育行业很火爆。企业要想建立一所托育机构应该怎么做？地方政府将给予哪些优惠？机构在运行的过程中需要注意什么？

构建设，不用于其他用途。""综合考虑当地居民收入水平、服务成本、合理利润等因素，通过市场形成普惠托育服务价格。招标情况下，通过投标竞争方式确定价格水平；非招标情况下，与城市政府通过协商确定价格水平。""严格按照相关政策要求使用补贴，确保各类补贴政策精准执行。""建立从业人员档案管理体系，完善从业人员评价制度，加强从业人员职业道德教育。"

企业还可以自主选择承担其他责任。比如，协助地方政府建立家庭保育支持体系；提供个性化、多样化的托育服务；为社区提供婴幼儿健康营养讲座、科学照护讲座等公益性服务；针对有特殊需求的婴幼儿及其家庭，提供个性化托育服务或家庭托育咨询等。

🔊 连线职场

为解决 3 岁以下婴幼儿的托育难题，国家出台了一系列有关托育的政策。调动社会力量发展普惠托育服务如何落实？政府是如何支持这一专项行动的呢？

⊙ 政策支持

《实施意见》提出了三项支持措施。

一是金融支持。形成金融机构推荐名单并实行动态管理，与国家发展改革委签订备忘录，对参与专项行动的托育机构提供普惠金融服务。

二是信用评价。引入第三方信用服务机构，对托育服务机构开展公共信用综合评价。推动实施托育服务行业守信联合激励和失信联合惩戒，建立托育服务机构及从业人员"黑名单"制度。

三是试点示范。2020 年开展专项行动试点，参与试点城市要依托示范性托育服务机构和社区托育服务设施建设，强化政策支持和服务监管，扩大托育服务有效供给。在试点基础上，遴选支持社会力量发展普惠托育服务重点联系城市，及时总结推广典型经验和先进做法。

🔍 拓展阅读

多措并举促进优质普惠托育服务发展

北京师范大学洪秀敏曾在《教育家》2020 年第 23 期发表相关文章，就托育服务发展提出了一些建议。具体包括：①精准扶持，扩大普惠性托育服务的受惠面和有效供给；②规范监管，全面促进托育服务的质量提升和优质发展。

若想了解《多措并举促进优质普惠托育服务发展》一文的内容，可以扫描二维码阅读。

文本资源

多措并举促进优质普惠托育服务发展

🐘 学习效果检测

文本资源

参考答案

一、判断题

1. 3 岁以下托育服务属于非基本公共服务范围，是地方政府事权，要坚持社会化发展托育服务，围绕"政府引导、多方参与、社会运营、普惠可及"，深入开展城企合作。（　　）

2. 支持面向社会大众的普惠性托育服务项目，为婴幼儿家庭提供质量有保障、价格可承受、方便可及的托育服务。（ ）

3. 国家通过中央预算内投资，仅重点支持承担一定指导功能的示范性托育服务机构。（ ）

4. 对于承担一定指导功能的示范性托育服务机构、社区托育服务设施，中央预算内投资按每个新增托位给予 0.8 万元的补助。（ ）

5. 地方项目采用切块下达的方式，将中央预算内投资下达到相关省份，由省份在收到下达通知书 15 个工作日内将资金分解到具体项目。（ ）

6. 推动实施托育服务行业守信联合激励和失信联合惩戒，建立托育服务机构及从业人员"白名单"制度。（ ）

二、简答题

1. 简述《实施方案》的总体思路。

2. 简述《实施方案》提出的基本原则。

3. 简述《实施方案》提出的工作目标。

4. 简述《实施方案》提出的支持措施。

三、材料分析题

为深入贯彻落实习近平总书记"幼有所育"的重要指示精神，2019 年起，国家发展和改革委员会、国家卫生健康委员会在全国范围内开展"支持社会力量发展普惠托育服务专项行动"，按每个新增托位给予 1 万元的补助，直接带动新增普惠托育机构和托位数明显上升。2020 年，专项行动取得初步成效，27 个省、自治区、直辖市的 290 多个城市参与试点，带动增加普惠托位 10 万个。2021 年 6 月，国家发展和改革委员会、民政部、国家卫生健康委员会印发的《"十四五"积极应对人口老龄化工程和托育建设实施方案》中明确指出推进公办托育服务能力建设项目和普惠托育服务专项行动，提出支持公办托育服务机构建设，鼓励采取公建民营、购买服务等方式运营，支持社会力量发展社区托育服务设施和综合托育服务机构，支持公办机构发展普惠托育服务。

请结合以上材料选择一个试点城市，举例说明该市在支持普惠托育服务建设中做了哪些工作，并了解该市当前已备案的托育机构有几所，普惠托位总数是多少。

实操巩固

实训内容	以小组为单位，通过漫画、微视频、相声小品等形式展示城企合作实施普惠托育的流程。
人员构成	小组(3~5 人)。
呈现方式	成果：漫画、微视频、相声小品等成品。 展示：漫画、微视频、相声小品。
注意事项	小组内部要分工明确，并在成果中注明； 所选择的方式要结合小组成员的特长； 实施流程的再现要体现其准确性、严谨性、规范性。

学习任务 3
《国务院办公厅关于促进养老托育服务健康发展的意见》

学习任务单

学习目标	①了解《国务院办公厅关于促进养老托育服务健康发展的意见》的出台背景及意义; ②把握《国务院办公厅关于促进养老托育服务健康发展的意见》的主要内容; ③理解《国务院办公厅关于促进养老托育服务健康发展的意见》的现实指导意义。	
学习要点	①了解《国务院办公厅关于促进养老托育服务健康发展的意见》的出台背景及意义; ②把握《国务院办公厅关于促进养老托育服务健康发展的意见》的主要内容。	
学习建议	学习前	查阅当今我国相关的人口政策和托育扶持政策。
	学习中	完成本任务的学习,讨论《国务院办公厅关于促进养老托育服务健康发展的意见》的主要内容。
	学习后	进一步了解配套法规文件的有关要求,提高对养老托育政策方向的认识。
学习运用	你觉得在哪些工作场景中可以运用到所学内容?(由学生填写)	
学习反思	请记录你在学习过程中的相关思考。(由学生填写)	

聚焦政策

某对夫妇去年迎来了他们的第二个孩子，高兴之余，两个人也犯了愁：孩子由谁来带？"我们属于双职工家庭，如果有一人全职带孩子，家里的经济压力会加重许多。所以目前只能由双方父母来照顾孩子，但他们年龄也大了，同时照顾两个孩子有些力不从心。"

"一老一小"问题关乎民生福祉，一直以来都是国家重视、老百姓关心的话题。当前，中国人口总规模增长惯性减弱，人口均衡和可持续发展面临新形势。随着人口老龄化的快速发展和新的生育政策的深入落实，老百姓对养老托育服务的需求更旺盛、更迫切。促进养老托育服务健康发展，既是一项系统的民生工程，也是积极应对人口老龄化的重要举措。为此，2020 年 12 月，《国务院办公厅关于促进养老托育服务健康发展的意见》发布。

一、出台背景及意义

我国当前已进入高质量发展阶段，"十四五"时期是我国全面建成小康社会、向第二个百年奋斗目标进军的第一个五年，经济社会发展持续向好，人民群众的美好生活需求也在不断提升。养老托育这"一老一小"问题，连接着千家万户，是关系到保障和改善民生、促进社会和谐稳定和促进人口长期均衡的大事。

我国人口老龄化程度一直处于较高水平，城乡居民对于养老服务的需求越来越大，养老服务供给面临着越来越大的压力；与此同时，随着全面二孩政策的实施，对托育服务的刚性需求也更加旺盛，托育服务供需之间的缺口较大。

党中央、国务院历来高度重视"一老一小"问题。出台《国务院办公厅关于促进养老托育服务健康发展的意见》，是积极应对人口老龄化的关键举措，是以人民为中心的发展思想的集中体现，是服务业提质扩容增效的重要方面，对于减轻家庭养老育幼负担、促进人口长期均衡发展，都具有重要意义。

二、政策要点

（一）基本结构

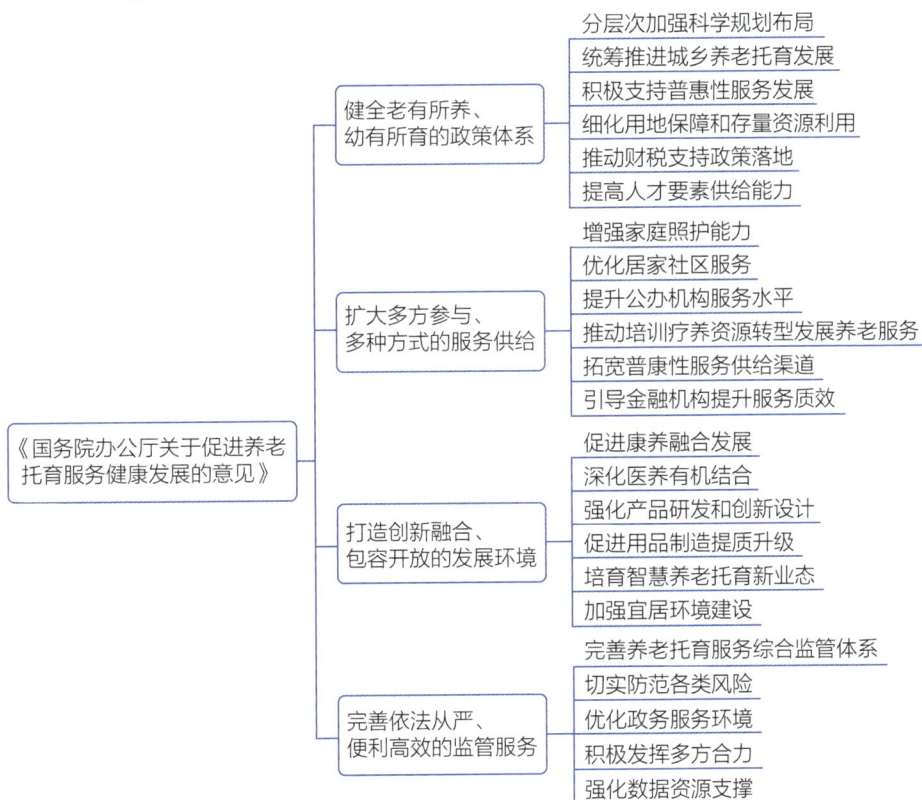

文本资源

《国务院办公厅关于促进养老托育服务健康发展的意见》

（二）主要内容

《国务院办公厅关于促进养老托育服务健康发展的意见》（以下简称《意见》）指出，促进养老托育服务健康发展，有利于改善民生福祉，有利于促进家庭和谐，有利于培育经济发展新动能。为贯彻落实党中央、国务院决策部署，更好发挥各级政府作用，更充分激发社会力量活力，更好实现社会效益和经济效益相统一，持续提高人民群众的获得感、幸福感、安全感，《意见》就促进养老托育服务健康发展提出 4 个方面 23 项举措，具体内容如下。

1. 健全老有所养、幼有所育的政策体系

在政策保障方面，《意见》提出了 6 项举措。

①分层次加强科学规划布局。根据"一老一小"人口分布和结构变化，科学谋划"十四五"养老托育服务体系，促进服务能力提质扩容和区域均衡布局。

②统筹推进城乡养老托育发展。强化政府保基本兜底线职能，健全基本养老服务体系。

③积极支持普惠性服务发展。大力发展成本可负担、方便可及的普惠性养老托育服务。

④强化用地保障和存量资源利用。在年度建设用地供应计划中保障养老托育用地需求，并结合实际安排在合理区位。调整优化并适当放宽土地和规划要求，支持各类主体利用存量低效用地和商业服务用地等开展养老托育服务。

⑤推动财税支持政策落地。各地要建立工作协同机制，加强部门信息互通共享，确保税费优惠政策全面、及时惠及市场主体。

⑥提高人才要素供给能力。加强老年医学、老年护理、社会工作、婴幼儿发展与健康管理、婴幼儿保育等学科专业建设，结合行业发展动态优化专业设置，完善教学标准，加大培养力度。

2. 扩大多方参与、多种方式的服务供给

在服务供给方面，《意见》从 6 个方面提供了支持。以下介绍与托育相关的 4 个方面。

①增强家庭照护能力。支持优质机构、行业协会开发公益课程，利用互联网平台等免费开放，依托居委会、村委会等基层力量提供养老育幼家庭指导服务，帮助家庭成员提高照护能力。

②优化居家社区服务。发展集中管理运营的社区养老和托育服务网络，支持具备综合功能的社区服务设施建设，引导专业化机构进社区、进家庭。

③拓宽普惠性服务供给渠道。实施普惠养老托育专项行动，发挥中央预算内投资引领作用，以投资换机制，引导地方政府制定支持性"政策包"，带动企业提供普惠性"服务包"，建设一批普惠性养老服务机构和托育服务机构。

④引导金融机构提升服务质效。鼓励政府出资产业投资基金及市场化的创业投资基金、私募股权基金等按照市场化、法治化原则，加大对养老托育领域的投资力度。

3. 打造创新融合、包容开放的发展环境

在发展环境支持方面，《意见》提出了 6 项举措。以下介绍与托育相关的 4 项举措。

①强化产品研发和创新设计。健全以企业为主体的创新体系，鼓励采用新技术、新工艺、新材料、新装备，增强以质量和信誉为核心的品牌意识，建立健全企业知识产权管理体系，推进高价值专利培育和商标品牌建设，培育养老托育服务、乳粉奶业、动画设计与制作等行业民族品牌。促进"一老一小"用品制造业设计能力提升，完善创新设计生态系统。

②促进用品制造提质升级。逐步完善养老托育服务和相关用品标准体系，加强标准制修订，强化标准实施推广。推进互联网、大数据、人工智能、5G等信息技术和智能硬件的深度应用，促进养老托育用品制造向智能制造、柔性生产等数字化方式转型。

③培育智慧养老托育新业态。发展互联网直播互动式家庭育儿服务，鼓励开发婴幼儿养育课程、父母课堂等。

④加强宜居环境建设。普及公共基础设施无障碍建设，鼓励有条件的地区结合城镇老旧小区改造加装电梯。加强母婴设施配套，在具备条件的公共场所普遍设置专席及绿色通道。引导房地产项目开发充分考虑养老育幼需求。

4. 完善依法从严、便利高效的监管服务

在监管服务方面，《意见》提出了5项举措。

①完善养老托育服务综合监管体系。以养老托育机构质量安全、从业人员、运营秩序等方面为重点加强监管。

②切实防范各类风险。加强突发事件应对，建立完善养老托育机构突发事件预防与应急准备、监测与预警、应急处置与救援、事后恢复与重建等工作机制。

③优化政务服务环境。完善机构设立办事指南，优化办事流程，实施并联服务，明确办理时限，推进"马上办、网上办、就近办"。

④积极发挥多方合力。支持公益慈善类社会组织参与，鼓励机构开发志愿服务项目，建立健全"一老一小"志愿服务项目库。引导互联网平台等社会力量建立养老托育机构用户评价体系。

⑤强化数据资源支撑。依据养老产业统计分类，开展养老产业认定方法研究，推进重要指标年度统计。探索构建托育服务统计指标体系。

三、政策解读

《意见》以习近平新时代中国特色社会主义思想为指导，全面贯彻党的十九大和十九届二中、三中、四中、五中全会精神，坚持问题导向和目标导向，针对当前养老托育服务发展面临的形势和瓶颈制约，系统提出了健全政策体系、扩大服务供给、打造发展环境、完善监管服务4个方面23项改革创新措施。

（一）养老托育问题解决的系统性

促进养老托育服务健康发展，是一项系统的民生工程。养老和托育，都是直接服务于家庭的，面向的都是最需要社会关爱的人群，都面临有效供给不足的问题，需要完善制度体系、凝聚各方共识、形成工作合力。对此，《意见》从以下方面进行了整体性推进。

一是突出规划引领。明确规划要求，省级人民政府要将养老托育纳入国民经济和社会发展规划统筹推进，并制定"十四五"养老托育专项规划或实施方案。加强督促落实，虽然以往也有规划、政策，但是从执行效果看，有的并未落实到位。因此，《意见》明确指出各地要建立常态化督查机制，督促专项规划或实施方案的编制和实施。

二是坚持统筹推进。统筹解决"一老一小"问题，养老托育在很多方面有共通之处，《意见》首次将社会高度关切的两大民生事项统一考虑、集中回应。统筹推进城乡养老托育发展，既考虑有效供给不足的共性问题，

又结合城乡需求的不同特点，分类施策，谋求差异化发展。统筹兜底性、普惠性、市场化服务，强化政府保基本兜底线职能，加强公办和公建民营养老机构建设；实施普惠养老托育专项行动，有效扩大面向广大普通家庭的普惠性服务供给；推进要素市场制度建设，充分激发社会力量能动作用。

三是营造良好发展环境。优化营商环境，深化"放管服"改革，制定养老托育政务服务事项清单，力争实现"最多跑一次"，推进"好差评"工作，改进提升政务服务质量，强化统计等数据资源支撑，以普惠为导向建立多元主体参与的合作平台。建设宜居环境，以满足老年人生活需求和营造婴幼儿成长环境为导向，推动形成一批具有示范意义的活力发展城市和社区。

（二）支持保障措施的明确具体性

针对行业发展面临的场地设施供应不够、财税支持享受不到、专业服务人才短缺、融资模式亟须突破等突出瓶颈制约，《意见》突出问题导向和目标导向，加大制度创新、政策支持和工作力度，进一步健全老有所养、幼有所育的政策体系。

一是保障土地场所供应。增量保障方面，在年度建设用地供应计划中保障养老托育用地需求，并结合实际安排在合理区位。存量利用方面，在不违反国家强制性标准和规定前提下，各地可结合实际制定存量房屋和设施改造为养老托育场所设施的建设标准、指南和实施办法；在城市居住社区建设补短板和城镇老旧小区改造中统筹推进养老托育服务设施建设；非独立场所按照相关安全标准改造建设托育点并通过验收的，不需变更土地和房屋性质。

二是推动财税支持落地。落实优惠举措，各地要建立工作协同机制，加强部门信息互通共享，确保税费优惠政策全面、及时惠及市场主体。加强补贴支持，对吸纳符合条件劳动者的养老托育机构按规定给予社保补贴。

三是提高人才要素供给。人才教育上，加强老年医学、老年护理、社会工作、婴幼儿发展与健康管理、婴幼儿保育等学科专业建设，加大培养力度。职业培训上，加强养老托育从业人员岗前培训、岗位技能提升培训、转岗转业培训和创业培训，推行养老托育"职业培训包"和"工学一体化"培训模式。

四是提升金融服务质效。拓宽融资渠道，创新信贷支持方式，推进应收账款质押贷款，探索收费权质押贷款，扩大实施养老产业专项企业债券和养老项目收益债券。引导保险参与，支持保险机构开发相关责任险及养老托育机构运营相关保险。

（三）服务体系的完善性

目前，我国居家、社区养老托育供给能力不足，专业化机构总量短缺与结构矛盾并存，服务质量有待提升，难以满足人民对多层次、多样化托育服务的需求。对此，《意见》从家庭、社区、机构3个方面做出了部署安排。

一是增强家庭照护能力。支持优质机构、行业协会开发公益课程，利用互联网平台等免费开放，依托居委会、村委会等基层力量提供养老育幼家庭指导服务，强化家庭赡养老年人和监护婴幼儿的主体责任。

二是优化居家社区服务。完善服务网络，发展集中管理运营的社区养老和托育服务网络，支持具备综合功能的社区服务设施建设，引导专业化机构进社区、进家庭。发展家庭托育，建立家庭托育点登记备案制度，研究出台家庭托育点管理办法，鼓励开展互助式服务。

三是扩大机构服务供给。提升公办机构水平，坚持公益属性，完善公建民营机制，引进养老托育运营机构早期介入、全程参与项目工程建设，探索开展连锁化运营。推动培训疗养资源转养老，将转型发展养老服务作为党政机关和国有企事业单位所属培训疗养机构改革的主要方向。拓宽普惠服务渠道，发挥中央预算内投资引领作用，引导地方政府制定支持性"政策包"，带动企业提供普惠性"服务包"，建设一批普惠性养老服务机构和托育服务机构。

（四）促进产业健康发展的时代性

信息技术和智能硬件在养老、托育领域的应用日益广泛和深入，服务业融合发展的新业态不断涌现，为行业发展注入了新的动力和活力。《意见》坚持顺势而为、因势利导，着力从以下方面促进产业健康发展。

一是促创新。培育智慧新业态，发展互联网直播互动式家庭育儿服务。强化创新设计，健全以企业为主体的创新体系，完善创新设计生态系统。

二是促提升。逐步完善养老托育服务和相关用品标准体系，增强以质量和信誉为核心的品牌意识，鼓励国内外多方共建养老托育产业合作园区，培育养老托育服务、乳粉奶业、动画设计与制作等行业民族品牌，促进用品制造提质升级。

（五）养老托育服务质量提升方面的具体举措

尊老爱幼是中华民族的优良传统，养老托育直接服务"一老一小"，关系到每一个家庭的切身利益，因此，行业的健康可持续发展必须得到高度重视。《意见》坚持依法监管、从严监管、常态化监管，推动实现全行业安全有保障、服务有质量。

一是完善综合监管体系。落实政府在制度建设、行业规划、行政执法等方面的监管责任，实行监管清单式管理，以养老托育机构质量安全、从业人员、运营秩序等方面为重点加强监管，加快构建以信用为基础的新型监管机制。

二是加强突发事件应对。建立完善养老托育机构突发事件预防与应急准备、监测与预警、应急处置与救援、事后恢复与重建等工作机制，将养老托育纳入公共安全重点保障范围，支持服务机构安全平稳运转。

三是积极发挥多方合力。发挥行业协会商会等社会组织积极性，开展机构服务能力综合评价，引导互联网平台等社会力量建立养老托育机构用户评价体系，引领行业规范发展。

（六）保障各项改革举措落到实处的具体要求

为推动《意见》有效落实，《意见》提出了 4 个方面的具体要求。一是梳理形成了 33 项重点任务分工，并明确了责任单位；二是要求地方各级政府建立健全"一老一小"工作推进机制，以健全政策体系、扩大服务供给、打造发展环境、完善监管服务为着力点，促进养老托育健康发展，定期向同级人民代表大会常务委员会报告服务能力提升成效；三是要求国务院各部门根据职责分工，制定具体落实举措，推动各项任务落地；四是建立"一老一小"服务能力评价机制，加强对本意见落实工作的跟踪督促。

拓展阅读

国家发展改革委办公厅关于做好《国务院办公厅关于促进养老托育服务健康发展的意见》贯彻落实工作的通知

2021 年 2 月，为深入贯彻落实《意见》，国家发展和改革委员会办公厅发布了此通知，提出要深入学习领会《意见》的重要意义，结合实际推进《意见》的贯彻落实，加快建立"一老一小"相关工作机制，营造促进养老托育健康发展的良好社会氛围，并要求各地区、各有关部门报送本地区贯彻落实《意见》工作方案和 2021 年度工作计划。

若想了解该通知的内容，请扫描二维码阅读。

文市资源

《国家发展改革委办公厅关于做好《国务院办公厅关于促进养老托育服务健康发展的意见》贯彻落实工作的通知》

拓展阅读

关于印发《"十四五"积极应对人口老龄化工程和托育建设实施方案》的通知

为推进实施积极应对人口老龄化国家战略，以"一老一小"为重点完善人口服务体系，扩大养老托育服务有效供给，提升服务质量，完善服务体系，不断满足人民日益增长的美好生活需要，根据《中华人民共和国国民经济和社会发展第十四个五年规划和2035 年远景目标纲要》《国家积极应对人口老龄化中长期规划》《意见》等有关文件要求，国家发展和改革委员会、民政部、国家卫生健康委员会共同制定了《"十四五"积极应对人口老龄化工程和托育建设实施方案》。

若想了解该方案的内容，请扫描二维码阅读。

文市资源

《"十四五"积极应对人口老龄化工程和托育建设实施方案》

学习效果检测

一、判断题

1. "推动财税支持政策落地。各地要建立工作协同机制，加强部门信息互通共享，确保税费优惠政策全面、及时惠及市场主体。"这是为了健全老有所养、幼有所育的政策体系，《意见》提出的一项政策保障举措。（　　）

2. 尊老爱幼是中华民族的优良传统，养老托育直接服务"一老一小"，关系到每一个家庭的切身利益，因此，行业的健康可持续发展必须得到高度重视。《意见》坚持依法监管、从严监管、常态化监管，推动实现全行业安全有保障、服务有质量。（　　）

3. 我国居家、社区养老托育供给能力不足，专业化机构总量短缺与结构矛盾并存，服务质量有待提升，难以满足人民对多层次、多样化托育服务的需求。对此，《意见》从家庭、社区 2 个方面做出了部署安排。（　　）

文市资源

参考答案

二、简答题

1. 在政策保障方面，《意见》提出了哪些举措？
2. 在监管服务方面，《意见》提出了哪些举措？
3. 在服务供给方面，《意见》从哪些方面提供了支持？
4. 促进养老托育服务健康发展的意义在哪里？

实操巩固

实训内容	以小组为单位，深入探讨如何实现"智慧养老托育"，设计一份智慧托育的实施方案。
人员构成	小组(3～5人)。
呈现方式	成果：智慧托育的实施方案1份。 展示：汇报多媒体课件1份。
注意事项	小组内部要分工明确，并在成果中注明； 确保小组成员对"智慧托育"有清晰的认识； 智慧托育的硬件和软件要体现科学的融合； 智慧托育需要为家庭育儿提供支持； 所设计的方案要确保使3岁以下婴幼儿托育服务更加科学、健康。

学习模块三
托育机构的设置与管理

　　合法合规、符合国家标准与要求，是为0～3岁婴幼儿提供照护服务的托育机构应具备的基本条件和应达到的底线。由于0～3岁婴幼儿身心发展的特殊性，其对安全、卫生的环境有更高的要求。那么，我国托育机构的设置与管理有何规范和要求呢？本学习模块将对国家出台的有关托育机构的建筑设计规范、设置标准与管理规范、登记和备案办法等文件进行解读，帮助学习者了解托育服务机构设置与管理的标准，加强学习者对婴幼儿照护服务规范的重视。

学习导图

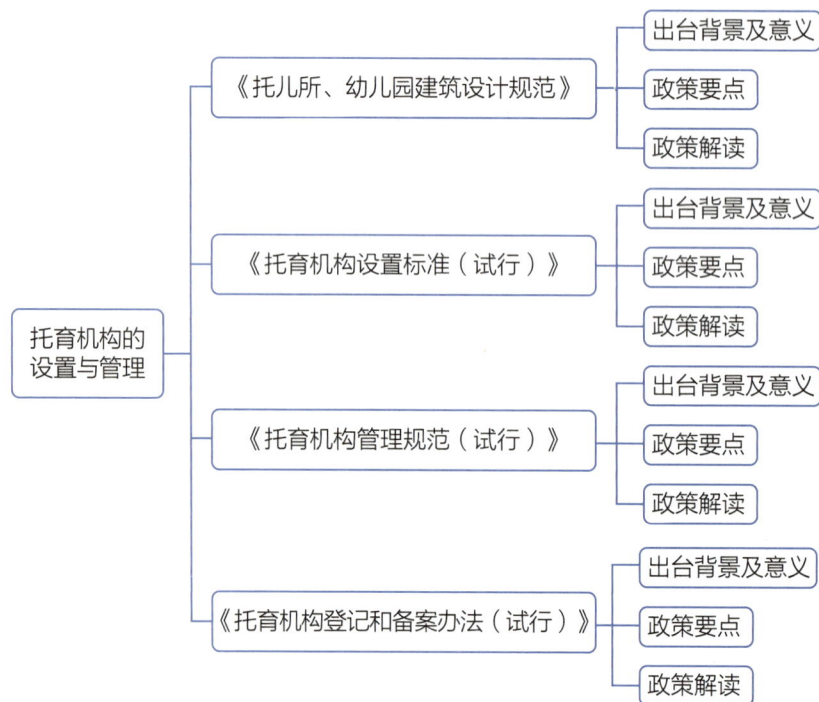

托育机构的设置与管理

- 《托儿所、幼儿园建筑设计规范》
  - 出台背景及意义
  - 政策要点
  - 政策解读
- 《托育机构设置标准（试行）》
  - 出台背景及意义
  - 政策要点
  - 政策解读
- 《托育机构管理规范（试行）》
  - 出台背景及意义
  - 政策要点
  - 政策解读
- 《托育机构登记和备案办法（试行）》
  - 出台背景及意义
  - 政策要点
  - 政策解读

学习初体验

　　小组在课前收集关于托育机构因不符合各种规范而被处罚的新闻报道，并进行分享和交流，谈一谈托育机构的设置与管理合法合规的重要性。

学习任务 1
《托儿所、幼儿园建筑设计规范》

学习任务单

学习目标	①了解行业标准《托儿所、幼儿园建筑设计规范》颁布的背景与重要意义； ②熟知《托儿所、幼儿园建筑设计规范》的主要内容； ③掌握《托儿所、幼儿园建筑设计规范》"基地和总平面"和"建筑设计"中的相关内容； ④在实际工作中，能够判断所在托育机构相关设计是否符合规范要求。	
学习要点	重点了解《托儿所、幼儿园建筑设计规范》"基地和总平面"和"建筑设计"中的相关内容。	
学习建议	学习前	查阅国家卫生健康委员会关于托育机构建设的相关政策文件。
	学习中	完成本任务的学习，讨论《托儿所、幼儿园建筑设计规范》在托育机构中的实际运用。
	学习后	查阅、了解全国各地为落实《托儿所、幼儿园建筑设计规范》而实施的具体举措。
学习运用	实地查看托育机构是否符合《托儿所、幼儿园建筑设计规范》。	
学习反思	请将 2016 年版和 2019 年版的《托儿所、幼儿园建筑设计规范》进行对比分析。	

聚焦政策

案例 1　某地一自建房内开设 4 家幼儿托管所

某县消防救援大队联合市场监督管理局、住建局等部门对辖区自建房开展隐患排查时发现，一处自建房内竟然藏有 4 家午托机构，且存在众多消防安全隐患。消防部门立即下发责令限期整改通知书，要求单位迅速整改。

案例 2　违规搭建厨房，这家托育机构被查封！

某消防部门在辖区开展消防监督检查时，发现一家托管服务有限公司使用泡沫夹芯彩钢板搭建厨房，不符合《建筑设计防火规范》且违反《中华人民共和国消防法》，消防部门立即依法对该场所实施临时查封。

环境是一种隐性的教育资源，环境对婴幼儿的身心健康发展具有重要的意义。社会各界、每个家庭都非常重视婴幼儿的健康成长，尤其关注婴幼儿托育机构的生活环境安全、卫生、适用问题。下面让我们一起来学习《托儿所、幼儿园建筑设计规范》。

一、出台背景及意义

（一）编制、修订的背景

为适应托儿所、幼儿园建筑设计工作的需要，《托儿所、幼儿园建筑设计规范（试行）》于 1987 年编制，由黑龙江省建筑设计院主编，经中华人民共和国城乡建设环境保护部（现为中华人民共和国住房和城乡建设部）和中华人民共和国国家教育委员会（现为中华人民共和国教育部）审查批准为部颁标准，编号为 JGJ 39—87，自 1987 年 12 月 1 日起试行。

根据住房和城乡建设部《关于印发〈2009 年工程建设标准规范制订、修订计划〉的通知》的要求，规范编制组对文件进行了修订。2016 年修订的《托儿所、幼儿园建筑设计规范》编号为 JGJ 39—2016，自 2016 年 11 月 1 日起实施。

为适应新时期学前教育深化改革规范发展的工作需要，住房和城乡建设部又对 2016 年版进行了局部修订，形成了现行的 2019 年版，自 2019 年 10 月 1 日起实施。

（二）出台的意义

1. 国家严格要求托育机构建筑的规范与管理

《指导意见》指出，"地方各级政府要按照标准和规范在新建居住区规划、建设与常住人口规模相适应的婴幼儿照护服务设施及配套安全设施""要将需要独立占地的婴幼儿照护服务设施和场地建设布局纳入相关规划，新建、扩建、改建一批婴幼儿照护服务机构和设施"。国家对《托儿所、幼儿园建筑设计规范》进行了几次修订，重点对托儿所部分条文进行了调整、补充、完善，可见国家对婴幼儿照护安全的重视程度。《托儿所、幼儿园建筑设计规范》是对托育机构硬件方面的重要要求，侧重教育建筑方面，是国家级标准，并要求必须执行。

2. 保障托育机构的建筑设计质量

根据国家统一部署，全国各地新建、改扩建了一定规模的托育机构，以满足婴幼儿照护服务发展需要。《托儿所、幼儿园建筑设计规范》的实施，将全面保障托儿所、幼儿园的建筑设计质量，满足托儿所、幼儿园在适用、安全、卫生、经济、美观等方面的基本要求，同时为国家相关部委，以及各省、自治区、直辖市政府编制科学、合理的托儿所、幼儿园建设标准提供了行标参考。

3. 明确托育机构的建筑设计要求

0～3岁婴幼儿与3～6岁幼儿在身体与心理上存在诸多差异，所适用的课程有所不同，对环境的要求也有所不同，因此，托儿所与幼儿园的建筑应该根据婴幼儿的不同年龄特点进行设计。2019年版的《托儿所、幼儿园建筑设计规范》在2016年版的基础上进行修订，更加聚焦托儿所部分，从建筑设计上对0～3岁婴幼儿照护服务的安全保障进行了从严规范。

二、政策要点①

（一）基本结构

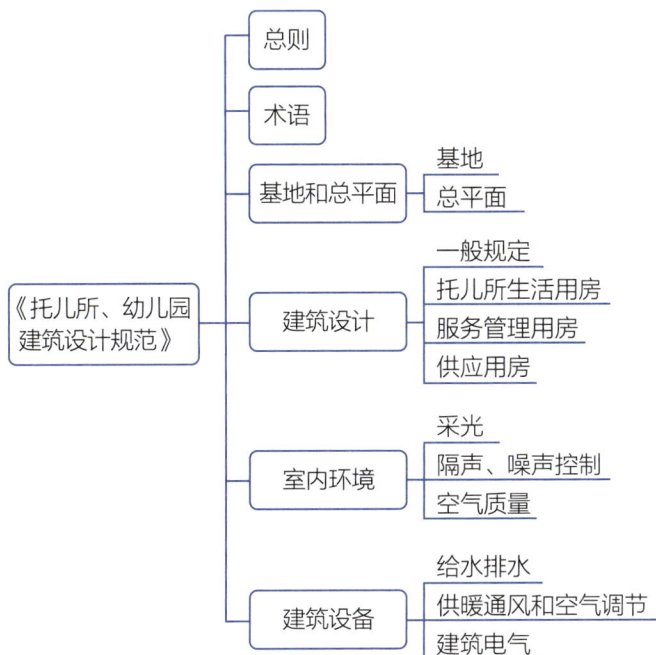

文本资源

《托儿所、幼儿园建筑设计规范》

（二）主要内容

1. 总则

《托儿所、幼儿园建筑设计规范》(以下简称《设计规范》)发布的目的是保证托儿所、幼儿园建筑设计质量，使建筑设计满足适用、安全、卫生、经济、美观的基本要求。

《设计规范》的适用范围是：新建、扩建、改建托儿所、幼儿园和相同功能的建筑设计。

托儿所的规模和每班人数应符合表3-1和表3-2的规定。

表3-1　托儿所规模

规模	托儿所
小型	1～3个班
中型	4～7个班
大型	8～10个班

---

① 因本教材主要关注托育的内容，故以下讨论内容主要针对2019年版中涉及"托儿所"的部分，涉及"幼儿园"的部分不在本教材讨论范围内。

表 3-2　托儿所的每班人数

班别	人数
乳儿班(6～12个月)	10 人以下
托小班(12～24个月)	15 人以下
托大班(24～36个月)	20 人以下

托儿所的建筑设计应遵循下列原则：①满足使用功能要求，有益于婴幼儿健康成长；②保证婴幼儿、教师及工作人员的环境安全，并具备防灾能力；③符合节约土地、能源，环境保护的基本方针。《设计规范》指出，托儿所建筑设计除应符合本规范外，尚应符合国家现行有关标准的规定。

拓展阅读

尚应符合的国家规定主要有《民用建筑设计统一标准》《建筑设计防火规范》《安全防范工程技术规范》《建筑采光设计标准》《民用建筑隔声设计规范》《民用建筑工程室内环境污染控制规范》《严寒和寒冷地区居住建筑节能设计标准》《夏热冬冷地区居住建筑节能设计标准》《夏热冬暖地区居住建筑节能设计标准》等。

2. 术语

托儿所：用于哺育和培育 3 周岁以下婴幼儿使用的场所。

生活用房：供婴幼儿班级生活和多功能活动的空间。

生活单元：供婴幼儿班级独立生活的空间。

多功能活动室：供全园婴幼儿共同进行文艺、体育、家长集会等多功能活动的空间。

喂奶室：供母亲直接哺乳的空间。

晨检室(厅)：供婴幼儿入园时进行健康检查的空间。

保健观察室：供病儿进行临时隔离、观察、治疗的空间。

服务管理用房：供对外联系，对内为婴幼儿保健和教育服务管理的空间。

供应用房：供托儿所、幼儿园人员饮食、饮水、洗衣等后勤服务使用的空间。

3. 基地和总平面

（1）基地

托儿所建设基地的选择应符合当地总体规划和国家现行有关标准的要求。此外，基地应符合下列规定：应建设在日照充足、交通方便、场地平整、干燥、排水通畅、环境优美、基础设施完善的地段；不应置于易发生自然地质灾害的地段；与易发生危险的建筑物、仓库、储罐、可燃物品和材料堆场等之间的距离应符合国家现行有关标准的规定；不应与大型公共娱乐场所、商场、批发市场等人流密集的场所相毗邻；应远离各种污染源，并应符合国家现行有关卫生、防护标准的要求；园内不应有高压输电线、燃气、输油管道主干道等穿过。托儿所的服务半径宜为 300 m。

（2）总平面

托儿所的总平面设计应包括总平面布置、竖向设计和管网综合等设计。总平面布置应包括建筑物、室外活动场地、绿化、道路布置等内容，设计应功能分区合理、方便管理、朝向适宜、日照充足，创造符合幼儿生理、心理特点的环境空间。

议一议

易发生自然地质灾害的地段是指哪些地带？

想一想

《设计规范》将托儿所、幼儿园的服务半径从 300～500 m 修改为 300 m，这是为什么？

四个班及以上的托儿所建筑应独立设置。三个班及以下时，可与居住、养老、教育、办公建筑合建，但合建的既有建筑应经有关部门验收合格，符合抗震、防火等安全方面的规定，同时其基地应符合前述关于"基地"的规定。出入口处应设置人员安全集散和车辆停靠的空间。应设独立的室外活动场地，场地周围应采取隔离措施。建筑出入口及室外活动场地范围内应采取防止物体坠落措施。

托儿所应设室外活动场地，并应符合下列规定：室外活动场地人均面积不应小于 3 m²；城市人口密集地区改、扩建的托儿所，设置室外活动场地确有困难时，人均面积不应小于 2 m²；地面应平整、防滑、无障碍、无尖锐突出物，并宜采用软质地坪；应有 1/2 以上的面积在标准建筑日照阴影线之外。托儿所场地内绿地率不应小于 30%，宜设置集中绿化用地。绿地内不应种植有毒、带刺、有飞絮、病虫害多、有刺激性的植物。

托儿所的"活动室、寝室及具有相同功能的区域，应布置在当地最好朝向，冬至日底层满窗日照不应小于 3 h"。这是强制性条文，必须严格执行。

4. 建筑设计

（1）一般规定

托儿所建筑应由生活用房、服务管理用房和供应用房等部分组成。宜按生活单元组合方法进行设计，各班生活单元应保持使用的相对独立性。托儿所中的生活用房必须严格按国家强制性规定执行，即"不应设置在地下室或半地下室"。这是本规范的强制性条文，必须严格执行。

托儿所生活用房应布置在首层。当布置在首层确有困难时，可将托大班布置在二层，其人数不应超过 60 人，并应符合有关防火安全疏散的规定。托儿所的建筑造型和室内设计应符合幼儿的心理和生理特点。托儿所建筑窗的设计应符合下列规定：活动室、多功能活动室的窗台面距地面高度不宜大于 0.60 m；当窗台面距楼地面高度低于 0.90 m 时，应采取防护措施，防护高度应从可踏部位顶面起算，不应低于 0.90 m；窗距离楼地面的高度小于或等于 1.80 m 的部分，不应设内悬窗和内平开窗扇；外窗开启扇均应设纱窗。

活动室、寝室、多功能活动室等幼儿使用的房间应设双扇平开门，门净宽不应小于 1.20 m。严寒地区托儿所建筑的外门应设门斗，寒冷地区宜设门斗。幼儿出入的门应符合下列规定：①当使用玻璃材料时，应采用安全玻璃；②距离地面 0.60 m 处宜加设幼儿专用拉手；③门的双面均应平滑、无棱角；④门下不应设门槛，平开门距离楼地面 1.20 m 以下部分应设防止夹手设施；⑤不应设置旋转门、弹簧门、推拉门，不宜设金属门；⑥生活用房开向疏散走道的门均应向人员疏散方向开启，开启的门扇不应妨碍走道疏散通行；⑦门上应设观察窗，观察窗应安装安全玻璃。

托儿所的"外廊、室内回廊、内天井、阳台、上人屋面、平台、看台及室外楼梯等临空处应设置防护栏杆，栏杆应以坚固、耐久的材料制作。防护栏杆的高度应从可踏部位顶面起算，且净高不应小于 1.30 m。防护栏杆必须采用防止幼儿攀登和穿过的构造，当采用垂直杆件做栏杆时，其杆件净距离不应大于 0.09 m"。这是强制性条文，必须严格执行。距离地面高度 1.30 m 以下，婴幼儿经常接触的室内外墙面，宜采用光滑易清洁的材料；墙角、窗台、暖气罩、窗口竖边等阳角处应做成圆角。楼梯、扶手和踏步等应符合下列规定：①楼梯间应有直接的天然采光和自然通风；②楼梯除设成人扶手外，应在梯段两侧设幼儿扶手，其高度宜为 0.60 m；③供幼儿使用的楼梯踏步高度宜为 0.13 m，宽度宜为 0.26 m；④严寒地区不应设置室外楼梯；⑤幼儿使用的楼梯不应采用扇形、螺旋形踏步；⑥楼梯踏步面应采用防滑材料，踏步踢面不应漏空，踏步面应做明显警示标识；⑦楼梯间在首层应直通室外。"幼儿使用的楼梯，当楼梯井净宽度大于 0.11 m 时，必须采取防止幼儿攀滑措施。楼梯栏杆应采取不易攀爬的构造，当采用垂直杆件做栏杆时，其杆件净距不应大于 0.09 m。"这是强制性条文，必须严格执行。

幼儿经常通行和安全疏散的走道不应设有台阶，当有高差时，应设置防滑坡道，其坡度不应大于 1∶12。疏散走道的墙面距地面 2 m 以下不应设有壁柱、管道、消火栓箱、灭火器、广告牌等突出物。在托儿所建筑走廊最小净宽的规定上，生活用房的中间走廊不应小于 2.40 m，单面走廊或外廊不应小于 1.80 m；服务、供应用房的中间走廊不应小于 1.50 m，单面走廊或外廊不应小于 1.30 m。建筑室外出入口应设雨篷，雨篷挑出长度宜超过首级踏步 0.50 m 以上。出入口台阶高度超过 0.30 m，并侧面临空时，应设置防护设施，防护设施净高不应低于 1.05 m。托儿所睡眠区、活动区，多功能活动室的室内最小净高不应低于表 3-3 的规定。

表 3-3 室内最小净高

单位：m

房间名称	最小净高
托儿所睡眠区、活动区	2.80
多功能活动室	3.90

注：改、扩建的托儿所睡眠区和活动区室内净高不应小于 2.60 m。

(2)托儿所生活用房

托儿所生活用房由乳儿班、托小班、托大班组成，各班应为独立使用的生活单元。宜设公共活动空间。

乳儿班应包括睡眠区、活动区、配餐区、清洁区、储藏区等，托小班相比乳儿班应多增设卫生间，各区最小使用面积应符合表 3-4 的规定。当托小班的睡眠区和活动区合用时，其使用面积不应小于 50 m²。

表 3-4 乳儿班、托小班各区最小使用面积

单位：m²

各区名称	乳儿班	托小班
睡眠区	30	35
活动区	15	35
配餐区	6	6
清洁区	6	6
卫生间	—	8
储藏区	4	4

托大班生活用房的使用面积及要求宜与幼儿园生活用房相同，如表 3-5 所示。

表 3-5 托大班各区最小使用面积

单位：m²

房间名称		房间最小使用面积
活动室		70
寝室		60
卫生间	厕所	12
	盥洗室	8
衣帽储藏间		9

乳儿班和托小班宜设喂奶室，使用面积不宜小于 10 m²，并应符合下列规定：①应临近婴幼儿生活空间；②应设置开向疏散走道的门；③应设尿布台、洗手池，宜设成人厕所。

乳儿班和托小班生活单元各功能分区之间宜采取分隔措施，并应互相通视。乳儿班和托小班活动区地面应做暖性、软质面层；距地 1.20 m 的墙面应做软质面层。托儿所和幼儿园合建时，托儿所应单独分区，并应设独立安全出入口，室外活动场地宜分开。

乳儿班和托小班生活单元各功能分区应符合下列规定：①睡眠区应布置供每个婴幼儿使用的床位，不应布置双层床，床位四周不宜贴靠外墙。②配餐区应临近对外出入口，并设有调理台、洗涤池、洗手池、储藏柜等，应设加热设施，宜设通风或排烟设施。③清洁区应设淋浴、尿布台、洗涤池、洗手池、污水池、成人厕位等设施。④成人厕位应与幼儿卫生间隔离。

托小班卫生间内应设适合幼儿使用的卫生器具，坐便器高度宜为 0.25 m 以下。每班至少设 2 个大便器、2 个小便器，便器之间应设隔断；每班至少设 3 个适合幼儿使用的洗手池，高度宜为 0.40~0.45 m，宽度宜为 0.35~0.40 m。

（3）服务管理用房

服务管理用房宜包括晨检室（厅）、保健观察室、教师值班室、警卫室、储藏室、园长室、所长室、财务室、教师办公室、会议室、教具制作室等房间。各房间的最小使用面积宜符合表 3-6 的规定。托儿所、幼儿园建筑应设门厅，门厅内应设置晨检室和收发室，宜设置展示区、婴幼儿和成年人使用的洗手池、婴幼儿车存储等空间，宜设卫生间。晨检室（厅）应设在建筑物的主入口处，并应靠近保健观察室。教职工的卫生间、淋浴室应单独设置，不应与幼儿合用。

表 3-6　服务管理用房各房间的最小使用面积

单位：m²

房间名称	规模		
	小型	中型	大型
晨检室（厅）	10	10	15
保健观察室	12	12	15
教师值班室	10	10	10
警卫室	10	10	10
储藏室	15	18	24
园长室、所长室	15	15	18
财务室	15	15	18
教师办公室	18	18	24
会议室	24	24	30
教具制作室	18	18	24

注：晨检室（厅）可设置在门厅内；房间可以合用，合用的房间面积可适当减少。

（4）供应用房

供应用房宜包括厨房、消毒室、洗衣间、开水间、车库等房间，厨房应自成一区，并与婴幼儿生活用房应有一定距离。厨房应按工艺流程合理布局，并应符合国家现行有关卫生标准和现行行业标准《饮食建筑设计标准》JGJ 64 的规定。厨房使用面积宜每人 0.4 m²，且不应小于 12 m²。厨房室内墙面、隔断及各种工作台、水池等设施的表面应采用无毒、无污染、光滑和易清洁的材料；墙面阴角宜做弧形；地面应防滑，并应设排水设施。当托儿所建筑为二层及以上时，应设提升食梯，食梯呼叫按钮距地面高度应大于 1.70 m。寄宿制托儿所建筑应设置集中洗衣房。托儿所建筑应设玩具、图书、衣被等物品专用消毒间。当托儿所场地内设汽车库时，汽车库应与儿童活动区域分开，应设置单独的车道和出入口，并应符合现行行业标准《车库建筑设计规范》JGJ 100 和现行国家标准《汽车库、修车库、停车场设计防火规范》GB 50067 的规定。

5. 室内环境

（1）采光

托儿所的生活用房、服务管理用房和供应用房中的厨房等均应有直接天然采光，其采光系数标准值和窗地面积比应符合表 3-7 的规定。托儿所建筑采光应符合现行国家标准《建筑采光设计标准》GB 50033 的有关规定。

表 3-7　采光系数标准值和窗地面积比

采光等级	场所名称	采光系数标准值/%	窗地面积比
Ⅲ	活动室、寝室	3.0	1/5
	多功能活动室	3.0	1/5
	办公室、保健观察室	3.0	1/5
	睡眠区、活动区	3.0	1/5
Ⅴ	卫生间	1.0	1/10
	楼梯间、走廊	1.0	1/10

（2）隔声、噪声控制

托儿所建筑室内允许噪声级应符合表 3-8 的规定。托儿所建筑主要房间的空气声隔声标准应符合表 3-9 的规定。

表 3-8　室内允许噪声级

单位：dB

房间名称	允许噪声级（A 声级）
生活单元、保健观察室	≤45
多功能活动室、办公室	≤50

表 3-9　空气声隔声标准

单位：dB

房间名称	空气声隔声标准（计权隔声量）	楼板撞击声隔声单值评价量
生活单元、办公室、保健观察室与相邻房间之间	≥50	≤65
多功能活动室与相邻房间之间	≥45	≤75

（3）空气质量

托儿所的幼儿用房应有良好的自然通风，其通风口面积不应小于房间地板面积的 1/20。夏热冬冷、严寒和寒冷地区的幼儿用房应采取有效的通风设施。

6. 建筑设备

本部分主要对托儿所的给水排水、供暖通风和空气调节、建筑电气等提出了要求。

（1）给水排水

托儿所建筑应设置给水排水系统，且设备选型和系统配置应适合幼儿需要。供水总进口管道上可设置紫外线消毒设备。托儿所建筑给水系统的压力应满足给水用水点配水器具的最低工作压力要求。当压力不能满足要求时，应设置系统增压给水设备。

托儿所建筑宜设置集中热水供应系统，也可采用分散制备热水或预留安装热水供应设施的条件。当设置集中热水供应系统时，应采用混合水箱单管供应定温热水系统。当采用太阳能、空气源热泵等制备热水时，热水温度低于 60℃ 的系统应设置辅助加热设施。

盥洗室、淋浴室、厕所、公共洗衣房应设置地漏，洗衣机排水应设置专用地漏或洗衣机排水存水弯。便池宜设置感应冲洗装置。单独设置的清扫间、消毒间应配备给水和排水设施。厨房的含油污水，应经除油装置处理后再排入户外污水管道。消火栓系统、自动喷水灭火系统及气体系统灭火设计等，应符合国家现行有关防火标准的规定。

托儿所建筑应设置饮用水开水炉，宜采用电开水炉。开水炉应设置在专用房间内，并应设置防止幼儿接触的保护措施。托儿所不应设置中水系统。托儿所不应设置管道直饮水系统。

> **议一议**
>
> 为什么当采用太阳能、空气源热泵等制备热水时，热水温度低于 60℃ 的系统应设置辅助加热设施？

（2）供暖通风和空气调节

具备条件的托儿所建筑的供暖系统宜纳入区域集中供热管网，具备利用可再生能源条件且经技术经济合理时，应优先利用可再生能源为供暖热源。当符合现行国家标准《民用建筑供暖通风与空气调节设计规范》GB 50736 的规定时，可采用电供暖方式。用于供暖系统总体调节和检修的设施，应设置于幼儿活动室和寝室之外。当采用散热器供暖时，散热器应暗装。当采用电采暖时，应有可靠的安全防护措施。乡村托儿所建筑宜就地取材，采用可靠的能源形式供暖，并应保障环境安全。托儿所房间的供暖设计温度宜符合表 3-10 的规定。

表 3-10　托儿所房间的供暖设计温度

单位：℃

房间名称	室内设计温度
活动室、寝室、保健观察室、晨检室（厅）、办公室	20
睡眠区、活动区、喂奶室	24
盥洗室、厕所	22
门厅、走廊、楼梯间、厨房	16
洗衣房	18
淋浴室、更衣室	25

公共淋浴室、无外窗卫生间等，应设置带防止回流措施的机械排风装置。对于夏热冬暖地区、夏热冬冷地区的托儿所建筑，当夏季依靠开窗不能实现基本热舒适要求，且幼儿活动室、寝室等房间不设置空调设施时，每间幼儿活动室、寝室等房间宜安装具有防护网且可变风向的吸顶式电风扇。最热月平均室外气温大于和等于 25℃ 地区的托儿所建筑，宜设置空调设备或预留安装空调设备的条件。

（3）建筑电气

婴幼儿用房宜采用细管径直管形三基色荧光灯，配用电子镇流器，也可采用防频闪性能好的其他节能光源，不宜采用裸管荧光灯灯具。睡眠区、活动区、喂奶室应采用漫光型灯具，光源应采用防频闪性能好的节能光源。婴幼儿用房宜设置紫外线杀菌灯，也可采用安全型移动式紫外线杀菌消毒设备。托儿所的"紫外线杀菌灯的控制装置应单独设置，并应采取防误开措施"。这是强制性条文，必须严格执行。

托儿所的房间内应设置插座，且位置和数量根据需要确定。活动室插座不应少于四组，寝室插座不应少于两组。插座应采用安全型，安装高度不应低于 1.80 m。幼儿活动场所不宜安装配电箱、控制箱等电气装置；当不能避免时，应采取安全措施，装置底部距地面高度不得低于 1.80 m。托儿所安全技术防范系统的设置应符合下列规定：园区大门、建筑物出入口、楼梯间、走廊、厨房等应设置视频安防监控系统；周界宜设置入侵报警系统、电子巡查系统；财务室应设置入侵报警系统；建筑物出入口、楼梯间、厨房、配电间等处宜设置入侵报警系统；园区大门、厨房宜设置出入口控制系统。

大、中型托儿所建筑应设置电话系统、计算机网络系统、广播系统，并宜设置有线电视系统、教学多媒体设施。小型托儿所建筑应设置电话系统、计算机网络系统，宜设置广播系统、有线电视系统。

三、政策解读

（一）凸显了"托儿所""婴幼儿"

2019 年版的《设计规范》对托儿所的规模、班额、建筑布局、房间设置、室内外环境等逐一做了详细的要求与说明，根据《指导意见》，对之前的版本进行了局部修订完善和从严规范。在强有力的国家规范指导下，每一个从业企业与个人会以更高的行业标准去实施 0～3 岁婴幼儿照护服务。

1. 明确规定缩小托儿所的班级规模

托儿所分为乳儿班、托小班、托大班三类班型，接收 6～36 个月的婴幼儿。值得注意的是，托儿所的班级容量减小。乳儿班容量从 10～15 人降为 10 人以下，托大班从 21～25 人降为 20 人以下。

2. 缩小服务半径，方便婴幼儿接送

《设计规范》将托儿所的服务半径从 300～500 m 修改为 300 m。这是因为在调研中发现，有的居住区规模很大，但没有设置托儿所；有的虽然设置了托儿所，但其服务半径过大，家长接送会耽误很长时间。因此，根据《城市居住区规划设计标准》的规定，缩小了服务半径，以更加方便婴幼儿的接送。

3. 在建筑设计要求上更加重视"婴幼儿"的需求

《设计规范》还根据托儿所中婴幼儿的需求新增了一些条文。比如，考虑到婴幼儿有时需要母亲定时喂奶，喂奶时应有独立的空间，因此乳儿班和托小班宜设喂奶室，并应临近婴幼儿生活空间。喂奶室应设置开向疏散走道的门。对外设直接出入口，可防止母亲经过婴幼儿生活空间，造成环境污染。

此外，在"基地和总平面"部分，《设计规范》特别强调四个班及以上的托儿所建筑应独立设置；在"建筑设计"部分，指出托儿所生活用房应布置在首层，当布置在首层确有困难时，可将托大班布置在二层，其人数不应超过 60 人。由此可见国家相关部门在 0～3 岁婴幼儿照护服务场地标准制定上的谨慎与严苛。

（二）在安全方面要求严格

安全是托儿所第一要务。《设计规范》主要从以下几方面入手，保障婴幼儿的安全。

第一，创造符合婴幼儿生理、心理特点的环境空间。由于婴幼儿身体尚未发育成熟，身体抵抗力弱，对外界环境适应能力差，因此，托儿所在建筑布局、房间设置、室内外环境等方面有许多要求。比如，托儿所"生活用房应布置在首层""并应符合有关防火安全疏散的规定"；"绿地内不应种植有毒、带刺、有飞絮、病虫害多、有刺激性的植物"。考虑到目前托儿所与既有建筑合建的情况大量存在，根据市场需求，《设计规范》还特别对合建的托儿所的安全问题做了相应规定，以确保婴幼儿的安全。比如，有些托儿所与商业、娱乐等建筑合建，这些建筑容易发生火灾，与这些建筑合建，会对幼儿安全造成很大隐患。因此规定托儿所仅能与居住、养老、教育、办公建筑合建，而不应与大型公共娱乐场所、商场、批发市场等人流密集的场所相毗邻。

第二，设置严格的安全防范系统。《设计规范》不仅规定托儿所基地周围应设围护设施，在出入口处设大门和警卫室，而且规定，园区大门、建筑物出入口、楼梯间、走廊、厨房等应设置视频安防监控系统，周界宜设置入侵报警系统、电子巡查系统等。

第三，于细节处消除部分安全隐患。婴幼儿动作还不十分协调，防护意识差，同时好奇心强烈，很容易导致安全事故的发生。门是婴幼儿经常接触的部件，《设计规范》要求应在距离地面 0.60 m 处加设幼儿专用的拉手，平开门距离楼地面 1.20 m 以下部分应设防止夹手设施。活动室、寝室的门应设观察窗，在兼顾幼儿和教师视线范围的情况下做透明玻璃，以便幼儿和教师进出活动室能观察门内外的情况，防止发生碰撞。在防护栏杆的高度和宽度上，《设计规范》也进行了调整，将原规定的高度 1.10 m 修改为 1.30 m，宽度 0.11 m 调整为 0.09 m。一是考虑到婴幼儿易动、易攀爬，游戏时头部或身体易钻入栏杆空隙中；二是考虑到大人抱婴幼儿站立时，人体的重心增高，当栏杆高度适当加高时，可避免人靠近栏杆时因重心外移而发生坠落事故。

拓展阅读

《托育机构建设标准（征求意见稿）》

国家卫生健康委员会规划司于 2021 年 12 月发布了关于公开征求《托育机构建设标准（征求意见稿）》意见的函。为进一步深化托育领域供给侧结构性改革，完善婴幼儿照护服务体系，促进托育服务事业健康发展，加强和规范托育机构的建设，合理确定建设规模和标准，编制组进行了广泛深入的调查研究，收集了多个省、自治区、直辖市不同规模托育机构的现状资料，认真总结《托育机构设置标准（试行）》实施情况和多年来托育机构建设的经验教训，在全国范围内广泛征求了意见，按照以 3 岁以下婴幼儿安全健康为中心的原则，进行了标准编制。

标准的主要内容有总则、项目类别和构成、选址和规划布局、建筑面积指标、建筑与建筑设备、相关指标六章。

若想了解《托育机构建设标准（征求意见稿）》全文，可以扫描二维码阅读。

文市资源

《托育机构建设标准（征求意见稿）》

拓展阅读

《托育综合服务中心建设指南（试行）》

为贯彻落实《关于印发〈"十四五"积极应对人口老龄化工程和托育建设实施方案〉》的通知》，国家卫生健康委员会于 2021 年 12 月印发了《托育综合服务中心建设指南（试行）》。

《托育综合服务中心建设指南(试行)》为托育综合服务中心的建设提供了技术要求和指导,主要包括五部分内容。

第一章为总则。指出了托育综合服务中心建设必须遵循的原则以及总体要求等纲领性内容。

第二章为项目构成与建设规模。主要说明了托育综合服务中心建设项目的构成内容、各功能区的规模。

第三章为选址与规划布局。主要说明了托育综合服务中心建设项目对场地选择和规划布局的要求。

第四章为建筑与建筑设备。主要说明了托育综合服务中心各类用房对建筑空间、机电系统、装饰装修以及安全性能等的要求。

第五章为相关指标。主要说明了托育综合服务中心建设项目在投资估算、经济评价和后评估等方面的要求。

若想了解《托育综合服务中心建设指南(试行)》全文,可以扫描二维码阅读。

文本资源

《托育综合服务中心建设指南(试行)》

学习效果检测

一、判断题

1. 托小班的班级人数最多为 20 人。(　　　)

2. 四个班及以上的托儿所建筑应独立设置,不能与居住、养老、教育等建筑合建。(　　　)

3. 托儿所中的生活用房不能设置在地下室或半地下室。(　　　)

4. 2019 年版的《设计规范》规定托儿所的服务半径为 400 m。(　　　)

5. 托小班每班至少设 2 个大便器、2 个小便器,便器之间应设隔断。(　　　)

文本资源

参考答案

二、简答题

1. 简述托儿所建设基地的选择需要符合哪些具体规定。

2. 为什么当采用太阳能、空气源热泵等制备热水时,热水温度低于 60℃的系统应设置辅助加热设施?

实操巩固

实训内容	收集 3 个托儿所建筑设计,以《设计规范》为评价标准,阐述其优缺点。
人员构成	小组(3~5 人)。
呈现方式	成果:托儿所建筑设计图集 1 份。 展示:汇报多媒体课件 1 份。
注意事项	小组内部要分工明确,并在幻灯片中注明; 拍摄的时候需征得托育机构或当事人的同意; 在阐述其优缺点时一定要有理有据; 对于不合理的地方要提出整改意见。

学习任务 2
《托育机构设置标准(试行)》

学习任务单

学习目标	①了解《托育机构设置标准(试行)》的出台背景; ②掌握《托育机构设置标准(试行)》的主要内容; ③依据《托育机构设置标准(试行)》的有关要求,提高对婴幼儿照护服务的重视程度。	
学习要点	掌握《托育机构设置标准(试行)》的主要内容。	
学习建议	学习前	查阅当今我国相关的人口政策和托育扶持政策。
	学习中	完成本任务的学习,讨论《托育机构设置标准(试行)》的主要内容。
	学习后	查阅、了解全国各地关于《托育机构设置标准(试行)》的实施意见和具体举措,分析有哪些共性。
学习运用	选择一所托育机构,评价其设置是否符合国家标准。(由学生填写)	
学习反思	请记录你在学习过程中的相关思考。(由学生填写)	

学习笔记

聚焦政策

要想开设一家托育机构，就必须了解托育机构的相关设置要求。为加强托育机构管理，最大限度地保护婴幼儿，确保婴幼儿的安全和健康，促进婴幼儿照护服务事业专业化、规范化发展，国家卫生健康委员会组织制定了《托育机构设置标准(试行)》。

下面，我们一起来学习吧。

一、出台背景及意义

(一)出台背景

1. 保障托育婴幼儿身心健康成长的需要

2019 年，李克强总理在《政府工作报告》中强调："要针对实施全面两孩政策后的新情况，加快发展多种形式的婴幼儿照护服务，支持社会力量兴办托育服务机构，加强儿童安全保障。"广大家长，尤其是双职工青年夫妇、多胎家庭对托育服务的呼声越来越高。在政策鼓励和市场需求下，大量新托育机构落地。但随着 0～3 岁托育行业成为热门，面临的问题也随之而来，如托育行业出现卫生条件不达标、教师资历把控不严格等，这些安全隐患时刻对婴幼儿的身心健康造成威胁。因此，为了保障婴幼儿在托育服务机构的安全健康，解除家长的托育后顾之忧，国家亟须出台统一的婴幼儿照护服务机构设置标准，补上制度漏洞。

2. 保障托育行业的健康有序和优质发展的需要

目前育幼领域仍存在标准体系不健全、服务监管不规范等问题。这些问题直接关系着我国托育行业能否办好人民满意的托育服务。2019 年 5 月，《指导意见》发布，随后，各省、自治区、直辖市相继出台了相关的地方政策，进一步明确了托育服务发展的总体目标、主要任务和保障措施，推动了托育服务的发展。我国正处在托育服务发展初期，托育机构设置标准亟待细化，日常监管机制仍需进一步完善。为加快推动托育服务政策体系建设取得新进展，引导我国托育行业的健康有序和优质发展，合力推进托育机构规范化、标准化建设，2019 年 10 月 8 日，国家卫生健康委员会制定并发布了《托育机构设置标准(试行)》和《托育机构管理规范(试行)》。

(二)出台意义

1. 有利于婴幼儿的健康成长和学习

托育机构是对 3 岁以下婴幼儿实施看护、照料以及教育服务的场所，其服务的目的是为婴幼儿提供有效学习环境，支持其学习与发展。环境影响着婴幼儿身在其中的感受、行为方式以及经验获得。婴幼儿天生就是一个主动的学习者，早期生理基础使他们具备天才般的吸收能力，他们能够通过与环境的相互作用获得有效支持，以丰富和扩展自身的学习经验。而托育机构所创设的学习环境、师资队伍直接影响着其所提供的托育服务质量，影响着婴幼儿的学习与发展的过程和结果。《托育机构设置标准(试行)》对托育机构的物质环境和人员要求等做出了规定，将有利于保障婴幼儿的健康和安全。

2. 推动托育行业专业化、规范化发展

《托育机构设置标准(试行)》的印发，目的是让托育机构更专业化、规范化。《托育机构设置标准(试行)》对机构的场地设施、人员规模等做出了严格规定，为提升托育机构的结构性质量提供了参考标准，同时满足了大部分托育机构对有章可循的期盼，对于整个托育行业的专业化、规范化发展有着重要的指导意义。

二、政策要点

(一)基本结构

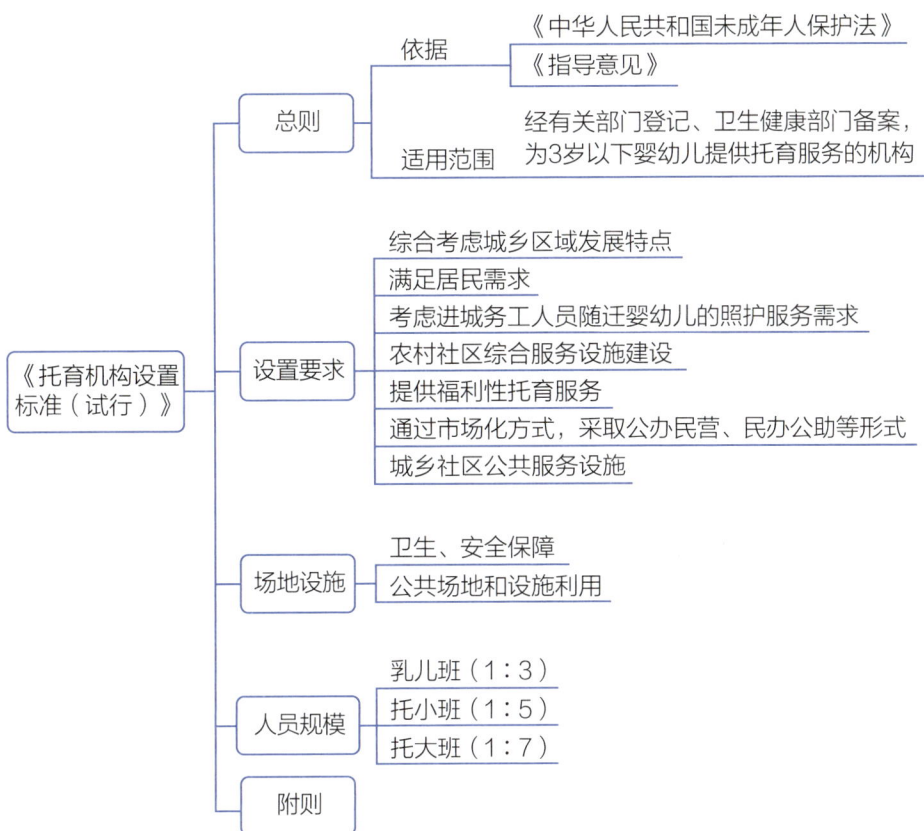

文本资源

《托育机构设置标准(试行)》

视频资源

《托育机构设置标准(试行)》动画版

(二)主要内容

1. 总则

《托育机构设置标准(试行)》根据《中华人民共和国未成年人保护法》等法律法规以及《指导意见》制定。坚持政策引导、普惠优先、安全健康、科学规范、属地管理、分类指导的原则，充分调动社会力量积极性，大力发展托育服务。本标准适用于经有关部门登记、卫生健康部门备案，为 3 岁以下婴幼儿提供全日托、半日托、计时托、临时托等托育服务的机构。

2. 设置要求

《托育机构设置标准(试行)》指出，托育机构设置应当综合考虑城乡区域发展特点，根据经济社会发展水平、工作基础和群众需求，科学规划，合理布局。新建居住区应当规划建设与常住人口规模相适应的托育机构。老城区和已建成居住区应当采取多种

> 💡 想一想
>
> 全日托、半日托、计时托、临时托分别指的是什么？

方式完善托育机构，满足居民需求。城镇托育机构建设要充分考虑进城务工人员随迁婴幼儿的照护服务需求。在农村社区综合服务设施建设中，应当统筹考虑托育机构建设。支持用人单位以单独或联合其他单位共同举办的方式，在工作场所为职工提供福利性托育服务，有条件的可向附近居民开放。鼓励通过市场化方式，采取公办民营、民办公助等多种形式，在就业人群密集的产业聚集区域和用人单位建设完善托育机构。发挥城乡社区公共服务设施的婴幼儿照护服务功能，加强社区托育机构与社区服务中心（站）及社区卫生、文化、体育等设施的功能衔接。

3. 场地设施

看一看
请观察周边的托育机构，判断它们是否设置在自然条件良好、交通便利、符合卫生和环保要求的地方。

托育机构应当有自有场地或租赁期不少于 3 年的场地。托育机构的场地应当选择自然条件良好、交通便利、符合卫生和环保要求的建设用地，远离对婴幼儿成长有危害的建筑、设施及污染源，满足抗震、防火、疏散等要求。

托育机构的建筑应当符合有关工程建设国家标准、行业标准，设置符合标准要求的生活用房，根据需要设置服务管理用房和供应用房。托育机构的房屋装修、设施设备、装饰材料等，应当符合国家相关安全质量标准和环保标准，并定期进行检查维护。托育机构应当配备符合婴幼儿月龄特点的家具、用具、玩具、图书和游戏材料等，并符合国家相关安全质量标准和环保标准。托育机构应当设有室外活动场地，配备适宜的游戏设施，且有相应的安全防护设施。在保障安全的前提下，可利用附近的公共场地和设施。托育机构应当设置符合标准要求的安全防护设施设备。

4. 人员规模

托育机构应当根据场地条件，合理确定收托婴幼儿规模，并配置综合管理、保育照护、卫生保健、安全保卫等工作人员。①托育机构负责人负责全面工作，应当具有大专以上学历，有从事儿童保育教育、卫生健康等相关管理工作 3 年以上的经历，且经托育机构负责人岗位培训合格。②保育人员主要负责婴幼儿日常生活照料，安排游戏活动，促进婴幼儿身心健康，养成良好行为习惯。保育人员应当具有婴幼儿照护经验或相关专业背景，受过婴幼儿保育相关培训和心理健康知识培训。③保健人员应当经过妇幼保健机构组织的卫生保健专业知识培训合格。④保安人员应当取得公安机关颁发的"保安员证"，并由获得公安机关"保安服务许可证"的保安公司派驻。

托育机构一般设置乳儿班（6—12 个月，10 人以下）、托小班（12—24 个月，15 人以下）、托大班（24—36 个月，20 人以下）三种班型。18 个月以上的婴幼儿可混合编班，每个班不超过 18 人。每个班的生活单元应当独立使用。合理配备保育人员，与婴幼儿的比例应当不低于以下标准：乳儿班 1：3，托小班 1：5，托大班 1：7。按照有关托儿所卫生保健规定配备保健人员、炊事人员。独立设置的托育机构应当至少有 1 名保安人员在岗。

看一看
请调查周边托育机构乳儿班、托小班、托大班各班的人数、师幼比及人员配备。

三、政策解读

（一）法律保障，调动社会力量，满足多样化照护需求

《中华人民共和国未成年人保护法》和《指导意见》为此标准提供了指向明确的依据，体现了国家意志。给婴幼儿提供安全的成长环境，是国家关注的重点。此外，《托育机构设置标准（试行）》强调调动社会力量积极性，大力发展全日托、半日托、计时托、临时托等托育服务，以满足多样化的照护需求。

请阅读了解各地为促进托育服务发展而实施的举措，谈谈政府是如何调动社会力量的。

1. 广东

广东已明确将托育服务设施建设纳入全省经济社会发展规划和当地国土空间规划，并通过提供土地、住房、财政、金融等支持政策，引导社会力量积极参与。同时，还要求公立医疗机构带头引领全省用人单位广泛开展普惠托育工作，最大限度满足广大人民群众日益增长的托育需求。

2. 山东

济南积极发展形式多样、运营规范的托育服务，力求破解托育服务机构"运营苦"难题。在实践中，针对不同模式采取不同支持措施，努力为婴幼儿照护工作提供全方位、全周期、高质量服务。比如，针对独立实体式，鼓励支持企业单位和个人依法举办独立托育实体机构，提供全日托、半日托、计时托等服务；针对社区嵌入式，支持品牌婴幼儿照护服务机构将优质服务资源、服务理念和管理标准向社区延伸和渗透；针对连锁辐射式，鼓励支持优势突出、经验丰富的单位和企业组织发挥品牌效应。

（二）市场介入，推动供给侧改革

在托育资源急缺，人民托育需求量增多且要求个性化时，全权由政府承担并不符合当前的实际情况。因此，需要在一定程度上引入市场机制，提高托育服务的适用性和灵活性，增加托育服务的活力来进一步完善我国的托育服务体系。此外，受地理位置、经济、文化、人口密度等因素的影响，我国托育机构发展存在很大的城乡差异。以社区为依托布局托育机构，扩充早期教育资源能有效且广泛地吸收教育、卫生、民政、企事业单位、社会团体、家庭乃至公民个体等多方面力量，形成政府、社会和个人共同参与、相互补充、共同发展的多元社区托育服务体系。这样的做法既可以有效把握各地区差异，增强文化适宜性；又操作便捷，可以有效整合内部资源。

发展社区托育需依靠社会资源

随着顶层设计的不断健全，各地因地制宜，制定了促进托育服务特别是社区托育服务发展的具体政策。例如，北京提出打造"一刻钟"托育服务圈，加强社区托育服务设施建设；上海鼓励利用各类社区综合服务设施，建设标准化、嵌入式的"宝宝屋"等托育场所；云南支持积极探索"托育机构＋社区托育园"集中管理运营模式和"专业队伍＋社区设施资源"托育服务模式。

综合各地措施看，有两个特点比较突出。

一是注重盘活存量资源。将符合托育服务要求的社区闲置空间改建为托育场所，为社区服务中心等综合服务设施增设托育服务功能。在运营过程中，充分衔接社区卫生、文化、体育等设施的托育服务功能。鼓励社区内经验丰富、有专业资质的人员提供家庭互助式托育服务。在托育服务场地和人力等方面充分利用社区内部资源。

二是注重借助社会力量。鼓励社区运用公办民营、民办公助、合作办托等多种运营模式引入社会资源。尝试通过"社区＋幼儿园""社区＋托育机构"等合作方式，根据居民需求提供托幼一体化、社区托育点等服务模式和全日托、半日托、计时托、临时托等多样化服务形式。积极尝试与能够提供托育服务的物业企业合作。开发社区志愿服务新领域，引导能够为托育提供服务的社会组织、志愿者服务团队等开展社区托育志愿服务。探索发展家庭托育点等家庭互助式托育服务新业态，促进社区托育服务多点开花。

托育服务事关千家万户。面对供需缺口较大的现实，我国将着力推动构建和完善托育服务体系。而托育服务体系中的普惠托育服务是减轻家庭养育负担的关键举措。在此背景下，发展社区托育服务，各地既要做好政策、资金等方面的配套支持，也要针对社区托育设置标准和管理制度，保证服务质量。相关政府部门要履职尽责，守好婴幼儿安全这一基本底线。期待有更多家庭早日在家门口享受到普惠托育服务。

（资料来源：于浩，《发展社区托育需依靠社会资源》，载《经济日报》，2022-03-21。）

拓展阅读

普惠托育，托举幸福童年

习近平总书记主持召开二十届中央财经委员会第一次会议强调，大力发展普惠托育服务体系，显著减轻家庭生育养育教育负担。

打造 15 分钟托育服务圈，搭建智慧托育平台，发展医育结合、智慧托育等新业态……各地积极探索多样化普惠托育服务，一项项暖心举措，补齐了民生短板，提升了千家万户的幸福感。

关于普惠托育，还有哪些新举措、新发展呢？若想了解全文，可扫描二维码阅读。

（资料来源：杨彦帆，《普惠托育，托举幸福童年》，载《人民日报》，2023-05-31。）

文市资源
普惠托育，托举幸福童年

拓展阅读

《家庭托育点管理办法（试行）》

2023 年 3 月，国家卫生健康委员会人口家庭司发布了《家庭托育点管理办法（试行）（征求意见稿）》，向社会公开征求意见。同年 10 月，《家庭托育点管理办法（试行）》发布，共二十二条，对举办家庭托育点的要求、家庭托育点照护人员应当符合的条件等做了全面的规定。

若想了解全文，可以扫描二维码阅读。

文市资源
《家庭托育点管理办法（试行）》

（三）严格要求环境质量，弱化生均面积

连线职场

如果室外活动场地比较有限，托育机构还可以备案吗？

政策支持

《托育机构设置标准（试行）》指出："托育机构应当设有室外活动场地，配备适宜的游戏设施，且有相应的安全防护设施。在保障安全的前提下，可利用附近的公共场地和设施。"

《托育机构设置标准(试行)》未对人均使用面积进行重点说明。这表明,国家政策支持托育机构具有灵活性。在现实环境难以提供足够的资源来建设托育机构的情况下,需要盘活多方面闲置资产,合理使用公共资源,以使托育机构的发展不存在更多障碍。

全国不同地区结合当地实际,在制定政策时对于"室外活动场地"这一项的要求各有侧重。比如,《深圳市托育机构设置指南》指出,"托育机构应根据招生规模设置室外活动场地,生均面积不应小于 3 m²。人口密集地区改、扩建的托育机构,设置室外活动场地确有困难时,室外活动场地生均面积不应小于 2 m²。在保障安全的前提下,可利用附近的公共场地和设施"。

(四)强调从业人员门槛及职责

《托育机构设置标准(试行)》指出,"托育机构应当根据场地条件,合理确定收托婴幼儿规模,并配置综合管理、保育照护、卫生保健、安全保卫等工作人员",并对各类人员提出了工作职责和相关要求。目前我国尚未建立专门针对托育服务人才的资格准入制度和资格证书,托育机构聘用人员资格证书混乱,保育员证、育婴员证、幼儿园教师资格证等均可作为托育服务人才上岗的凭证。此外,现有资格证适切性不足,缺乏对口的专业资质认定,除保育员外,各类托育服务人才相关职业资格主要面向家庭或幼儿园,没有专门针对托育机构的职业设置和针对性的职后培养。而由于我国长期以来缺乏服务于 0～3 岁婴幼儿的托育机构,对保育员的职业要求和培训也主要侧重在服务于 3～6 岁幼儿方面,且偏重生活照料和辅助教育,保育员难以满足托育机构在活动组织和实施方面的职业技能要求。因此,文件尤其强调各类人员均须经过相关培训。

🔍 拓展阅读

国家正式命名"托育师"

2022 年 7 月,中华人民共和国人力资源和社会保障部发布《关于对〈中华人民共和国职业分类大典(2022 年版)〉(公示稿)进行公示的公告》,首次在国家级文件中承认托育师。这是国家特地为托育师树立的标准,也是托育政策的一次完善。2022 年 9 月,《中华人民共和国职业分类大典(2022 年版)》正式发布。

(五)规范班型和师幼比例

🔍 政策支持

《托育机构设置标准(试行)》指出:"托育机构一般设置乳儿班(6—12 个月,10 人以下)、托小班(12—24 个月,15 人以下)、托大班(24—36 个月,20 人以下)三种班型。18 个月以上的婴幼儿可混合编班,每个班不超过 18 人。""合理配备保育人员,与婴幼儿的比例应当不低于以下标准:乳儿班 1∶3,托小班 1∶5,托大班 1∶7。"

┌─ **📞 连线宝爸** ─

我的孩子一岁半了。最近,我打算送孩子去托育机构。走访了附近的一所,我发现班上有 20 个孩子,3 个老师。我看到后很犹豫,既担心孩子太小没办法适应集体生活,也担心老师照顾不过来。我该如何选择?这样的班额是否合理?国家在师幼配比上有没有标准?

随着托育机构数量的稳步增加,托育服务人才供给面临着较大缺口,难以满足托育机构的快速扩增需求,大班额现象和师幼比问题较为突出。我国急需加强托育服务人才队伍供给体系建设,通过创新托育服务人才供给体系,积极扩充托育服务人才供给资源总量,以满足不断增长的对托育服务人才的需求。

顶层设计，强化托育人员队伍建设

近年来，党和政府对托育人员队伍建设高度重视，印发了一系列相关文件，相关部门也采取了行之有效的措施，推动着我国托育人员队伍建设提上日程。

2019年1月，国务院印发了《国家职业教育改革实施方案的通知》，提出借鉴国际职业教育培训普遍做法，启动1＋X证书制度试点工作；同年5月，《指导意见》提出依法逐步实行工作人员职业资格准入制度，将婴幼儿照护服务人员作为急需紧缺人员纳入培训规划；10月，国家卫生健康委员会印发了《托育机构设置标准（试行）》《托育机构管理规范（试行）》，针对托育机构人员的岗位要求、任职资格、人员配备等提出了明确要求。

为进一步提高婴幼儿照护领域紧缺人才的培养培训质量，近年来，人力资源和社会保障部深入组织实施职业技能提升行动，不断完善和落实职业技能培训补贴政策，大力开展婴幼儿照护人才培训培养。这些行动包括以下方面：健全终身职业技能培训体系，大力开展婴幼儿照护服务人才职业技能培训，建立包括保育员、育婴员等从业人员在内的终身职业技能培训制度；组织实施康养职业技能培训计划，大规模开展婴幼儿照护等康养服务从业人员职业技能培训；充分发挥专账资金使用效能，适当调整婴幼儿照护职业培训补贴标准，提高培训质量。

人力资源和社会保障部还将继续深入组织实施职业技能提升行动，加大婴幼儿照护人才培训培养力度，切实提高培训的针对性、有效性，进一步提升培训质量。

统一标准规范，补齐师资力量短板

要加快托育人才队伍建设、促进行业健康发展，须尽快解决行业缺乏统一标准和规范这一根本问题。

要保证从业者符合托育岗位需求，首先应专门设置托育人员的上岗资格证。托育人员既要了解0～3岁儿童的发展规律和心理特点等辅助早期成长的知识，又要能照料、护理婴幼儿日常生活。这是一个非常专业的职业，托育人员并非培训一下就能上岗，因此，应尽快建立托育人员资质标准，提高入行门槛。

但提高门槛，又可能导致上岗人员不增反减。要想解决这一难问题，就要有一批人以托育为自己的职业去发展，而不是临时凑过来，把到托育机构就业当成权宜之计。国家应尽快落实托育人员的社会保障机制，明确独立、规范、能为托育人才成长搭建发展阶梯的职业类别，统一职业名称，配以系统、专业、规范的培养体系，增强托育人员的从业荣誉感，从而促使托育行业不断进步与发展。

立足教学，国家相关部门应尽快组织专家研究托育专业标准，尽快出台早教专业与托育专业课程设置标准，各院校据此修订托育人才培养方案，从而促进早教、托育人才培养专业化发展。各院校应积极申报1＋X证书中的幼儿照护和母婴护理职业资格证书制度试点，深化院校产教融合、校企合作人才培养模式，完善3岁以下婴幼儿照护服务人才培养体系，提高学生职业技能和就业能力，从而满足市场对托育人才的需求。要帮助相关专业学生尽快将理论知识与实践结合，做到知行合一，院校可多建一些实践场所，给学生提供更多到托育机构实习的机会，同时开发社区、家庭资源，如让学生参与社区亲子活动，增加学生接触、了解婴幼儿的机会。

有研究就会吸引人员、组建队伍。从托育行业发展角度出发，还应设置学科，用研究来支持、引领托育行业的健康、规范发展。

学习效果检测

一、简答题

1. 简述《托育机构设置标准(试行)》对场地设施的要求。

2. 简述《托育机构设置标准(试行)》对人员规模的要求。

二、设计题

分组讨论，针对乳儿班、托小班、托大班的年龄特点，分别设计面向三个年龄段婴幼儿的班级环境。

三、社会实践题

结合《托育机构设置标准(试行)》，选择一家托育机构进行深度调研，并分析其达标情况。

文本资源　参考答案

实操巩固

实训内容	收集并分享户籍地托育机构设置政策，比对思考其与《托育机构设置标准(试行)》的关系。
人员构成	个人(或小组)。
呈现方式	成果：Word 在线文档 1 份。
注意事项	以班级为单位建立一份 Word 在线文档，对每个人(或每个小组)收集来的内容进行整理； 在线交流学习不同地区的托育机构设置政策的异同； 来自相同地区的同学可以合并为一个小组，但分工要明确，并在成果中注明。

学习任务 3
《托育机构管理规范(试行)》

学习任务单

学习目标		①了解《托育机构管理规范(试行)》的出台背景及意义; ②理解《托育机构管理规范(试行)》的主要内容。
学习要点		理解《托育机构管理规范(试行)》的主要内容。
学习建议	学习前	查阅、了解当今我国相关的人口政策和托育扶持政策。
	学习中	完成本任务的学习,思考托育机构需要遵循哪些管理规范。
	学习后	查阅全国各地关于托育机构管理规范的细则; 依据《托育机构管理规范(试行)》的有关要求,思考如何加强对托育机构的规范管理。
学习运用		你觉得在哪些工作场景中可以运用到所学内容?(由学生填写)
学习反思		请记录你在学习过程中的相关思考。(由学生填写)

📚 聚焦政策

某县卫生健康局执法人员在开展托育机构监督检查时发现，某托育机构正在为6名3岁以下婴幼儿提供托育服务，但其负责人未能出示托育机构备案证明。经进一步调查核实，该托育机构未向当地卫生健康主管部门备案，擅自开展托育服务。执法人员对该机构给予了警告的行政处罚，并责令其尽快完成托育机构备案手续。

案例中的托育机构未能出示备案证明，违反了《托育机构管理规范（试行）》中第四条"应当向机构所在地的县级以上卫生健康部门备案"的规定。《托育机构管理规范（试行）》对托育机构的备案管理、收托管理、保育管理、健康管理、安全管理、人员管理、监督管理等方面做了详细规定，对加强托育机构管理，促进婴幼儿照护服务高质量发展具有重要意义。

一、出台背景及意义

（一）出台背景

1. 满足托育机构行业管理规范化、科学化的需要

为加强托育机构管理，按照《指导意见》的要求，国家卫生健康委员会组织制定了《托育机构管理规范（试行）》，自2019年10月8日发布起施行。在此之前，一些地方政府制定了地方性的试行标准，但因其主管部门职能和角色的差别，在具体执行过程中会遇到诸多问题。例如，有的地方标准由于缺少与其他政策的协调统一，出现了政策难落地的情况。国内一些社会机构也陆续发布了各类有关管理的办法，但因其所处立场的非中立性和研究方法的局限性，这类标准或办法往往缺乏科学性、权威性和严谨性。《托育机构管理规范（试行）》的发布，从国家层面提出了托育机构管理的相关标准与规范，为这些问题提供了解决办法。

2. 满足为婴幼儿提供优质照护服务的需要

3岁以下婴幼儿照护服务是生命全周期服务管理的重要内容，事关婴幼儿健康成长，事关千家万户。党和国家高度重视婴幼儿照护服务的发展。针对日益凸显的婴幼儿照护服务能力不足的问题，在相关政策鼓励下，各地政府以及包括民办幼儿园、大型企事业单位等在内的各种社会力量陆续开设多种形式的婴幼儿照护服务机构，通过加大服务供给满足社会旺盛的需求，婴幼儿照护服务机构数量明显增加。但由于此前缺乏全国统一的婴幼儿照护服务机构管理的标准、规范，很多地方的婴幼儿照护服务机构实际游离于政府部门监管之外，不少机构为了追求自身利益最大化，往往忽略了服务对象（即婴幼儿）本身健康、安全、科学发展等方面的要求，照护服务质量堪忧。这不仅不利于婴幼儿的成长，而且还会使广大家长对机构缺乏信任。《托育机构管理规范（试行）》的发布契合了婴幼儿及家长的需要。

（二）出台意义

为满足婴幼儿健康安全成长及规范托育行业管理的需要，国家层面出台相关的管理标准与规范迫在眉睫。《托育机构管理规范（试行）》的出台为托育机构为婴幼儿提供优质的照护服务提供了指引，为主管部门日常监管提供了参考依据，也为包括社会力量在内的各方主体更好地加入对婴幼儿照护服务机构的建设提供了开放、良好的政策环境。因此，该文件的出台，从某种意义上说，既是对《指导意见》所提出的"到2020年，婴幼儿照护服务的政策法规体系和标准规范体系初步建立"这一阶段性发展目标及相关工作任务的积极回应与有效落实，也是主管部门加强婴幼儿照护服务机构专业化、规范化建设及科学管理的重要抓手，以期到2025年，实现婴幼儿照护服务的政策法规体系和标准规范体系基本健全，多元化、多

> 💡 想一想
>
> 结合地方托育服务发展现状，思考《托育机构管理规范（试行）》出台的意义。

样化、覆盖城乡的婴幼儿照护服务体系基本形成，婴幼儿照护服务水平明显提升，人民群众的婴幼儿照护服务需求得到进一步满足。

二、政策要点

（一）基本结构

文本资源

《托育机构管理规范（试行）》

视频资源

《托育机构管理规范（试行）》动画版

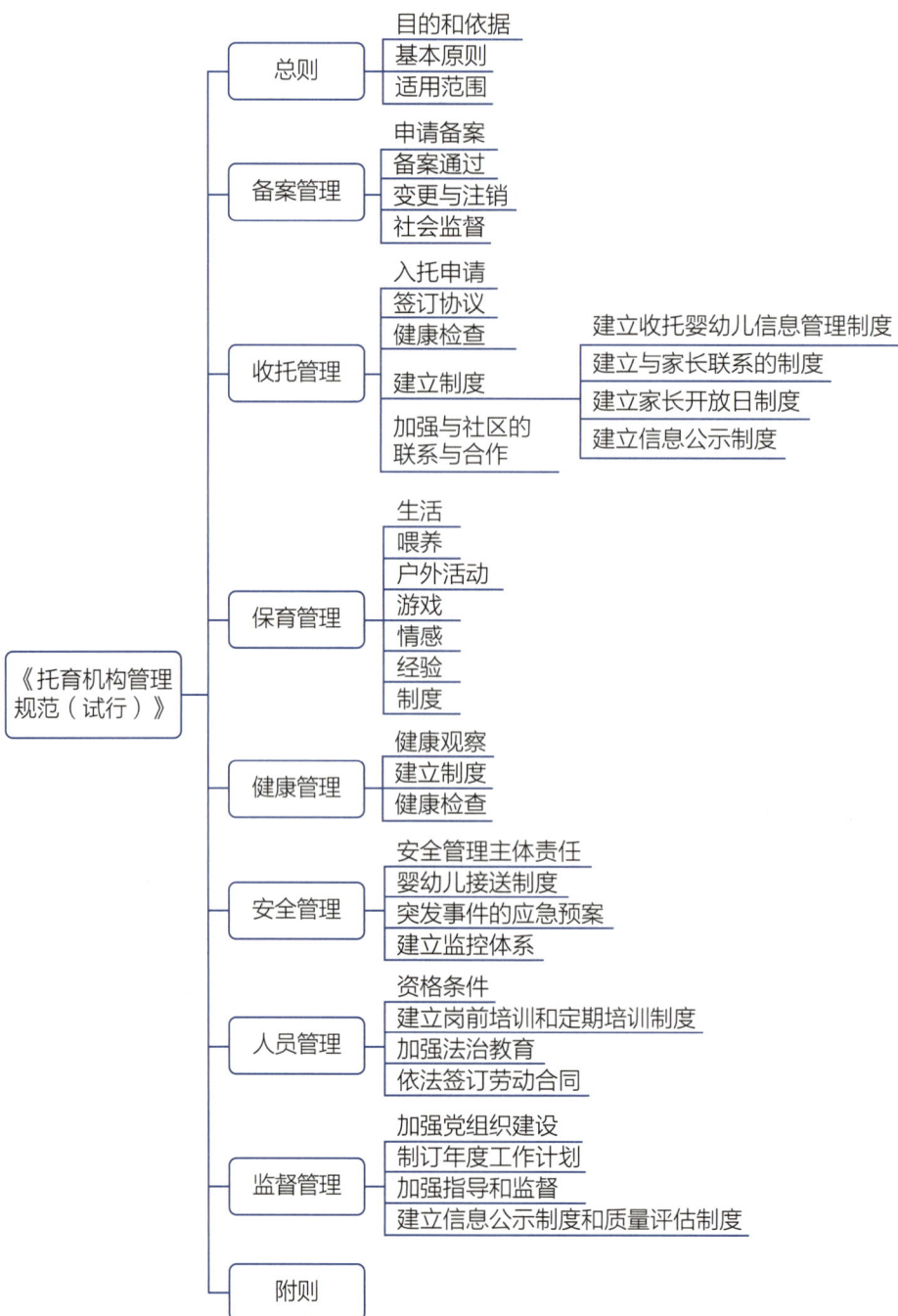

（二）主要内容

1. 总则

（1）目的和依据

为加强托育机构管理，根据《中华人民共和国未成年人保护法》等法律法规以及《指导意见》，制定本规范。

(2)基本原则

坚持儿童优先的原则，尊重婴幼儿成长特点和规律，最大限度地保护婴幼儿，确保婴幼儿的安全和健康。

(3)适用范围

适用于经有关部门登记、卫生健康部门备案，为3岁以下婴幼儿提供全日托、半日托、计时托、临时托等托育服务的机构。

2. 备案管理

(1)申请备案

托育机构登记后，应当向机构所在地的县级以上卫生健康部门备案。需提交的材料有：评价为"合格"的《托幼机构卫生评价报告》、消防安全检查合格证明、场地证明、工作人员资格证明等。填写备案书、承诺书。提供餐饮服务的，还应当提交"食品经营许可证"。

(2)备案通过

备案通过后的托育机构将获得卫生健康部门提供的备案回执和托育机构基本条件告知书。

(3)变更与注销

变更备案事项和终止服务办理注销手续，都需要向原备案部门办理。

(4)社会监督

卫生健康部门应当将托育服务有关政策规定、托育机构备案要求、托育机构有关信息在官方网站公开，接受社会查询和监督。

3. 收托管理

(1)入托申请

婴幼儿父母或监护人(以下统称婴幼儿监护人)应当主动向托育机构提出入托申请，并提交真实的婴幼儿及其监护人的身份证明材料。

(2)签订协议

托育机构应当与婴幼儿监护人签订托育服务协议，明确双方的责任、权利义务、服务项目、收费标准以及争议纠纷处理办法等内容。

(3)健康检查

婴幼儿进入托育机构前，应当完成适龄的预防接种，经医疗卫生机构健康检查合格后方可入托；离开机构3个月以上的，返回时应当重新进行健康检查。

(4)建立制度

托育机构应当建立收托婴幼儿信息管理制度，及时采集、更新，定期向备案部门报送。

托育机构应当建立与家长联系的制度，定期召开家长会议，接待来访和咨询，帮助家长了解保育照护内容和方法。

托育机构应当建立家长开放日制度。托育机构应当成立家长委员会，事关婴幼儿的重要事项，应当听取家长委员会的意见和建议。

托育机构应当建立信息公示制度，定期公示收费项目和标准、保育照护、膳食营养、卫生保健、安全保卫等情况，接受监督。

✉ 找一找

搜集托育机构常玩的小游戏，同学之间交流分享，并尝试玩一玩吧。

(5)加强与社区的联系与合作

托育机构应当加强与社区的联系与合作，面向社区宣传科学育儿知识，开展多种形式的服务活动，促进婴幼儿早期发展。

4. 保育管理

(1)生活

托育机构应当科学合理安排婴幼儿的生活，做好饮食、饮水、喂奶、如厕、盥洗、清洁、睡眠、穿脱衣服、游戏活动等服务。

(2)喂养

托育机构应当顺应喂养，科学制定食谱，保证婴幼儿膳食平衡。有特殊喂养需求的，婴幼儿监护人应当提供书面说明。

(3)户外活动

托育机构应当保证婴幼儿每日户外活动不少于2小时，寒冷、炎热季节或特殊天气情况下可酌情调整。

(4)游戏

托育机构应当以游戏为主要活动形式，促进婴幼儿在身体发育、动作、语言、认知、情感与社会性等方面的全面发展。

(5)情感

游戏活动应当重视婴幼儿的情感变化，注重与婴幼儿面对面、一对一的交流互动，动静交替，合理搭配多种游戏类型。

(6)经验

托育机构应当提供适宜刺激，丰富婴幼儿的直接经验，支持婴幼儿主动探索、操作体验、互动交流和表达表现，发挥婴幼儿的自主性，保护婴幼儿的好奇心。

(7)制度

托育机构应当建立照护服务日常记录和反馈制度，定期与婴幼儿监护人沟通婴幼儿发展情况。

5. 健康管理

托育机构应当按照有关托儿所卫生保健规定，完善相关制度，切实做好婴幼儿和工作人员的健康管理，做好室内外环境卫生。

(1)健康观察

托育机构应当坚持晨午检和全日健康观察，发现婴幼儿身体、精神、行为异常时，应当及时通知婴幼儿监护人。

托育机构发现婴幼儿遭受或疑似遭受家庭暴力的，应当依法及时向公安机关报案。

(2)建立制度

婴幼儿患病期间应当在医院接受治疗或在家护理。托育机构应当建立卫生消毒和病儿隔离制度、传染病预防和管理制度，做好疾病预防控制和婴幼儿健康管理工作。

(3)健康检查

托育机构工作人员上岗前，应当经医疗卫生机构进行健康检查，合格后方可上岗。

托育机构应当组织在岗工作人员每年进行1次健康检查。在岗工作人员患有传染性疾病的，应当立即离岗治疗；治愈后，须持病历和医疗卫生机构出具的健康合格证明，方可返岗工作。

6. 安全管理

（1）安全管理主体责任

托育机构应当落实安全管理主体责任，建立健全安全防护措施和检查制度，配备必要的安保人员和物防、技防设施。

（2）婴幼儿接送制度

托育机构应当建立完善的婴幼儿接送制度，婴幼儿应当由婴幼儿监护人或其委托的成年人接送。

（3）突发事件的应急预案

托育机构应当制订重大自然灾害、传染病、食物中毒、踩踏、火灾、暴力等突发事件的应急预案，定期对工作人员进行安全教育和突发事件应急处理能力培训。

托育机构应当明确专兼职消防安全管理人员及管理职责，加强消防设施维护管理，确保用火用电用气安全。

托育机构工作人员应当掌握急救的基本技能和防范、避险、逃生、自救的基本方法，在紧急情况下必须优先保障婴幼儿的安全。

（4）建立监控体系

托育机构应当建立照护服务、安全保卫等监控体系。监控报警系统确保 24 小时设防，婴幼儿生活和活动区域应当全覆盖。监控录像资料保存期不少于 90 日。

7. 人员管理

（1）资格条件

托育机构工作人员应当具有完全民事行为能力和良好的职业道德，热爱婴幼儿，身心健康，无虐待儿童记录，无犯罪记录，并符合国家和地方相关规定要求的资格条件。

（2）建立岗前培训和定期培训制度

托育机构应当建立工作人员岗前培训和定期培训制度，通过集中培训、在线学习等方式，不断提高工作人员的专业能力、职业道德和心理健康水平。

（3）加强法治教育

托育机构应当加强工作人员法治教育，增强法治意识。对虐童等行为实行零容忍，一经发现，严格按照有关法律法规和规定，追究有关负责人和责任人的责任。

（4）依法签订劳动合同

托育机构应当依法与工作人员签订劳动合同，保障工作人员的合法权益。

8. 监督管理

（1）加强党组织建设

托育机构应当加强党组织建设，积极支持工会、共青团、妇联等组织开展活动。建立工会组织或职工代表大会制度，依法加强民主管理和监督。

（2）制订年度工作计划

托育机构应当制订年度工作计划，每年年底向卫生健康部门报告工作，必要时随时报告。

（3）加强指导和监督

各级妇幼保健、疾病预防控制、卫生监督等机构应当按照职责加强对托育机构卫生保健工作的业务指导、咨询服务和监督执法。

（4）建立信息公示制度和质量评估制度

建立托育机构信息公示制度和质量评估制度，实施动态管理，加强社会监督。

💡 想一想

托育机构需要遵守哪些管理规范？

请查阅了解全国各地关于托育机构管理规范的细则。依据《托育机构管理规范(试行)》的有关要求，讨论如何加强对托育机构的规范管理。

✏️ 学习笔记

三、政策解读

《托育机构管理规范(试行)》的发布施行，有助于加强托育机构的科学管理，引导和促进托育机构运营专业化，规范托育服务行业健康发展，为婴幼儿家庭提供安全规范、质量有保障的托育服务，促进婴幼儿健康成长、广大家庭和谐幸福、经济社会持续发展。

(一)完善顶层设计，为各地托育机构提供管理示范

《托育机构管理规范(试行)》在托育机构的备案管理、收托管理、保育管理、健康管理、安全管理、人员管理、监督管理等方面进行了明确要求，有助于推进托育机构标准化、规范化建设。比如，在备案管理方面，明确了托育机构举办者该如何备案，引导托育机构严格按照要求，落实登记备案；在监督管理方面，提出建立托育机构质量评估制度，实施动态管理，有关部门应当按照职责加强对托育机构的业务指导、咨询服务和监督执法。

作为国家层面的标准和规范，《托育机构管理规范(试行)》更多体现的是国标思维、底线思维以及全国普遍适用性。附则中指出，"各省、自治区、直辖市卫生健康行政部门可根据本规范制订具体实施办法"，各地可在《托育机构管理规范(试行)》的基础上制定更加深入、细致的管理实施细则。只有通过加强顶层设计，各地构建起科学的、系统的标准体系，传播标准化理念，推广标准化经验，让托育机构有标准可依，保障婴幼儿的健康安全成长和全面发展，婴幼儿照护服务体系才会更加健全和完善以及多元化、多样化。

(二)坚持儿童优先原则，注重安全和健康

托育机构服务的儿童群体年龄较小，容易面临健康和安全风险。因此，无论是家长选择时、机构经营和投资时，还是政府评估监管时，安全和健康均是牢不可破的底线。

《托育机构管理规范(试用)》中多次提到健康。比如，第五章"健康管理"对维护婴幼儿的健康就有着非常具体的要求，其中第二十五条特别强调了"托育机构发现婴幼儿遭受或疑似遭受家庭暴力的，应当依法及时向公安机关报案"，这意味着对虐童等行为的防控从机构内部进一步拓展到机构以外(家庭)。在安全方面，第六章"安全管理"从主体责任、接送制度、应急预案等方面做出了具体要求。比如，第三十一条规定："托育机构工作人员应当掌握急救的基本技能和防范、避险、逃生、自救的基本方法，在紧急情况下必须优先保障婴幼儿的安全。"

📊 案例呈现

2岁男童被托育老师摔到头致骨折

某托育机构里的一位保育老师在抱2岁的男童时，因腾出一只手去开灯，另一只手没有抱稳孩子，致使男童的头朝下摔到了地面上。但事后，老师并没有及时告知家长。家长接孩子回家后发现孩子后脑勺有1个大包，便回去调取监控，看到孩子被摔过程后立刻送医。医生检查出男童颅内有血肿，复查时男童被诊断为缝离骨折。

案例中，教师致孩子摔下来的行为并不是有意的，但体现出教师的专业能力和素养不强，事后不及时告知家长更是违背了职业道德，没有将孩子的健康安全放在首位。因此，托育机构应定期对教师进行培训，提升教师的专业素养和职业道德等。

(资料来源：中国网看点)

除了"安全管理""健康管理"两章内列出了保护婴幼儿的相关条目外，"备案管理""人员管理"中也涉及了相关内容。比如，托育机构登记后应提交《托幼机构卫生评价报告》、消防安全检查合格证明等材料，提供餐饮服务的，应当提交"食品经营许可证"；托育机构工作人员应当热爱婴幼儿，身心健康，无虐待儿童记录等。

（三）建立健全监管制度，强化监督管理

《托育机构管理规范（试行）》第八章"监督管理"规定，托育机构应当加强党组织建设，建立工会组织或职工代表大会制度和信息公示制度和质量评估制度，依法加强民主管理和监督。建立健全监督管理制度、强化监督管理不仅为婴幼儿的健康安全成长和全面发展提供了有力保障，而且促进了社会各方力量共同推进托育机构标准化、规范化建设与发展。

学习效果检测

一、判断题

1. 托育机构应当坚持晨午检和半日健康观察，发现婴幼儿身体、精神、行为异常时，应当及时通知婴幼儿监护人。（   ）

2. 托育机构应当建立照护服务、安全保卫等监控体系。监控报警系统确保 24 小时设防，婴幼儿生活和活动区域应当全覆盖。监控录像资料保存期不少于 60 日。（   ）

3. 托育机构应当组织在岗工作人员每年进行 1 次健康检查。在岗工作人员患有传染性疾病的，应当立即离岗治疗；治愈后即可返岗工作。（   ）

4. 托育机构应当保证婴幼儿每日户外活动不少于 1.5 小时，寒冷、炎热季节或特殊天气情况下可酌情调整。（   ）

5. 托育机构工作人员应当具有完全民事行为能力，热爱婴幼儿，身心健康，无虐待儿童记录，无犯罪记录，并符合国家和地方相关规定要求的资格条件。（   ）

二、简答题

依据《托育机构管理规范（试行）》的有关要求，结合当地关于托育机构管理规范的细则，简述如何加强对托育机构的规范管理。

三、社会实践题

根据《托育机构管理规范（试行）》的政策要求，以小组为单位模拟托育机构的安全管理。

文本资源 参考答案

实操巩固

实训内容	收集并分享户籍地托育机构管理规范细则，比对思考其与《托育机构管理规范（试行）》的关系。
人员构成	个人（或小组）。
呈现方式	成果：Word 在线文档 1 份。
注意事项	以班级为单位建立一份 Word 在线文档，对每个人（或每个小组）收集来的内容进行整理； 在线交流学习不同地区的托育机构管理规范细则的异同； 来自相同地区的同学可以合并为一个小组，但分工要明确，并在成果中注明。

学习任务 4
《托育机构登记和备案办法(试行)》

学习任务单

学习目标	①了解《托育机构登记和备案办法(试行)》的出台背景及意义、适用范围、基本要求; ②掌握不同类型的托育机构注册登记的注意事项; ③依据《托育机构登记和备案办法(试行)》的有关要求,熟练掌握网上登记备案流程。	
学习要点	①了解《托育机构登记和备案办法(试行)》的出台背景及意义、适用范围、基本要求; ②依据《托育机构登记和备案办法(试行)》的有关要求,熟练掌握网上登记备案流程。	
学习建议	学习前	查阅当今我国相关的人口政策和托育扶持政策。
	学习中	完成本任务的学习,讨论不同类型的托育机构如何按照文件要求快速办理登记和备案,有哪些具体流程与注意事项。
	学习后	查阅、了解全国各地关于《托育机构登记和备案办法(试行)》的实施意见和具体细则,找出异同点。
学习运用	你觉得在托育机构办理备案和登记的过程中应该注意什么?(由学生填写)	
学习反思	请记录你在学习过程中的相关思考。(由学生填写)	

📚 聚焦政策

为落实《指导意见》中关于"建立健全婴幼儿照护服务机构备案登记制度、信息公示制度"的要求，国家卫生健康委员会门户网站已在首页"服务"栏目下增加了"托育机构"模块，用户可实时查询备案的托育机构，从而加强社会监督，促进其规范发展。

"备案"是托育机构进入行业的入场券，是合法正规的象征，也是鉴别托育机构安全性的最基础标准。下面，我们一起来学习《托育机构登记和备案办法(试行)》。

一、出台背景及意义

（一）出台背景

1. 满足人民群众对规范的托育服务的需要

《指导意见》明确指出，建立完善促进婴幼儿照护服务发展的政策法规体系、标准规范体系和服务供给体系，多种形式开展婴幼儿照护服务，逐步满足人民群众对婴幼儿照护服务的需求。不同类型的托育机构如雨后春笋般出现，向3岁以下婴幼儿提供全日托、半日托、计时托、临时托等服务的托育机构，可以解父母无时间照护孩子的燃眉之急。但针对0～3岁婴幼儿的托管机构大部分是以"教育咨询"的名义开办的，质量良莠不齐。托育机构如何设置、谁来监管？相关政策长期处于空白地带。

2. 市场托育机构的登记和备案管理亟须明确和规范

2019年5月，《指导意见》提出建立健全婴幼儿照护服务机构备案登记制度。2019年10月，《托育机构管理规范(试行)》中明确规定，托育机构登记后，应当向机构所在地的县级以上卫生健康部门备案。各类托育机构应如何按流程正确登记备案，如何确保专业化、规范化的建设，从而能够真正助力于满足家庭对托育服务的需求成为亟待解决的问题。基于此，2019年12月，国家卫生健康委办公厅、中央编办综合局、民政办公厅、市场监管总局办公厅共同制定并印发了《托育机构登记和备案办法(试行)》，来规范指导我国不同类型托育机构的登记和备案。

（二）出台意义

《托育机构登记和备案办法(试行)》细化了建立健全我国婴幼儿照护服务的相关政策，给有关部门、人员提供了办托育机构的具体标准和具体做法，让托育机构有"名"可定、有法可依、有案可查，这一办法能够大力推进0～3岁婴幼儿托育服务的发展。从托育行业发展的角度上看，《托育机构登记和备案办法(试行)》对托育机构实施备案制度，通过相关部门审核的托育机构才能真正开始营业，可以从准入门槛上去规范托育机构的办托行为。从家庭托育需求的角度上看，能够从起跑线上筛选更加规范、更加专业的托育机构，给家长选择符合要求的托育机构提供参考。从婴幼儿发展的角度来说，通过备案的托育机构具备合理的托育养育条件，有利于促进婴幼儿的身心健康发展。

二、政策要点

（一）基本结构①

文本资源

《托育机构登记和
备案办法（试行）》

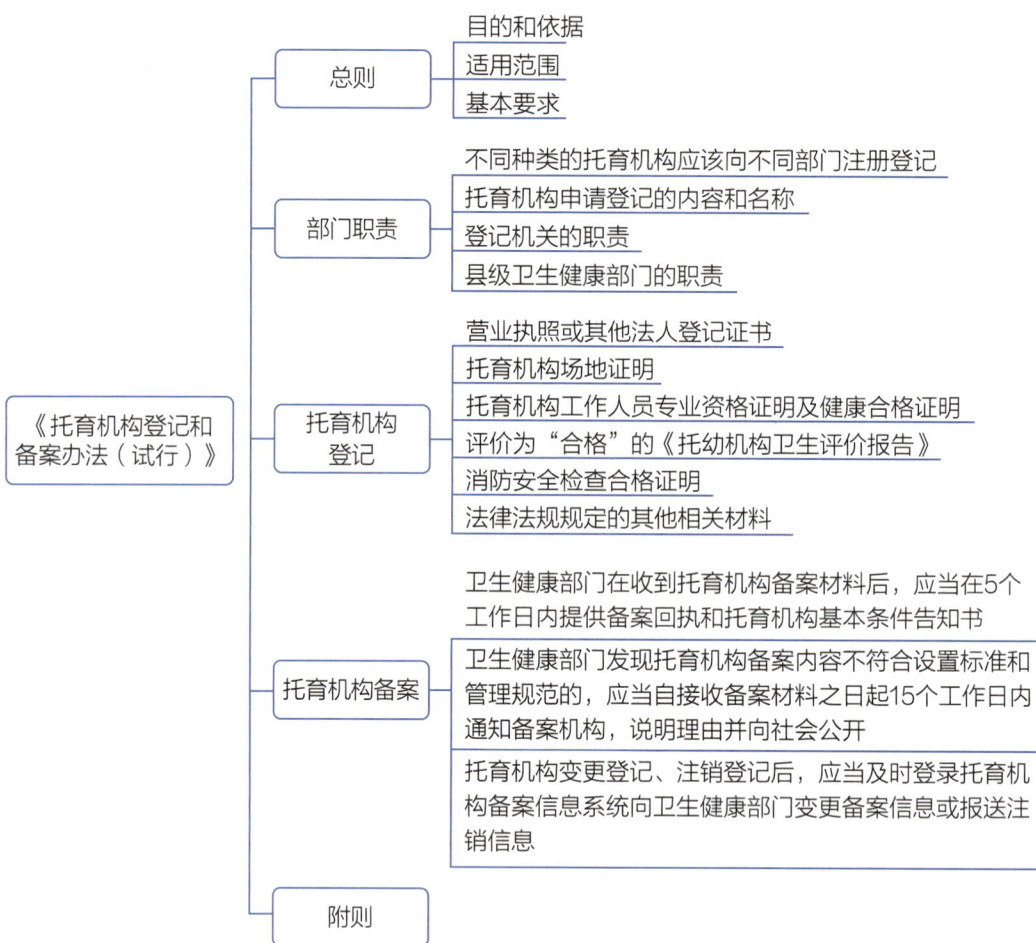

《托育机构登记和
备案办法（试行）》

- **总则**
  - 目的和依据
  - 适用范围
  - 基本要求
- **部门职责**
  - 不同种类的托育机构应该向不同部门注册登记
  - 托育机构申请登记的内容和名称
  - 登记机关的职责
  - 县级卫生健康部门的职责
- **托育机构登记**
  - 营业执照或其他法人登记证书
  - 托育机构场地证明
  - 托育机构工作人员专业资格证明及健康合格证明
  - 评价为"合格"的《托幼机构卫生评价报告》
  - 消防安全检查合格证明
  - 法律法规规定的其他相关材料
- **托育机构备案**
  - 卫生健康部门在收到托育机构备案材料后，应当在5个工作日内提供备案回执和托育机构基本条件告知书
  - 卫生健康部门发现托育机构备案内容不符合设置标准和管理规范的，应当自接收备案材料之日起15个工作日内通知备案机构，说明理由并向社会公开
  - 托育机构变更登记、注销登记后，应当及时登录托育机构备案信息系统向卫生健康部门变更备案信息或报送注销信息
- **附则**

（二）主要内容

1. 总则

该部分规定了该办法的目的和依据、适用范围和基本要求。

为贯彻落实《指导意见》，规范托育机构的登记和备案管理，依据《国家卫生健康委关于印发托育机构设置标准（试行）和托育机构管理规范（试行）的通知》及相关规定，制定本办法。本办法适用于为 3 岁以下婴幼儿提供全日托、半日托、计时托、临时托等服务的托育机构。举办托育机构的，应当按照本办法规定办理登记和备案。法律、行政法规另有规定的，依照有关规定执行。

2. 部门职责

该部分明确规定了审批和登记各部门的工作内容和职责。

举办事业单位性质的托育机构的，向县级以上机构编制部门申请审批和登记；举办社会服务机构性质的托育机构的，向县级以上民政部门申请注册登记；举办营利性托育机构的，向县级以上市场监督管理部门申请注册登记。托育机构申请登记时，应当在业务范围（或经营范围）中明确托育服务内容；托育机构申请登记

---

① 本结构图系作者根据文件内容进行的整理划分。

的名称中可包含"托育"字样。登记机关应当及时将托育机构登记信息通过共享、交换等方式推送至同级卫生健康部门。县级卫生健康部门负责辖区内已登记托育机构的备案。

3. 托育机构登记

该部分规定了托育机构备案程序及所需材料。登录备案信息系统，在线填写托育机构备案书、备案承诺书，并提交以下材料扫描件：营业执照或其他法人登记证书；托育机构场地证明；托育机构工作人员专业资格证明及健康合格证明；评价为"合格"的《托幼机构卫生评价报告》；消防安全检查合格证明；法律法规规定的其他相关材料。提供餐饮服务的，应当提交"食品经营许可证"。

4. 托育机构备案

卫生健康部门在收到托育机构备案材料后，应当在 5 个工作日内提供备案回执和托育机构基本条件告知书。卫生健康部门发现托育机构备案内容不符合设置标准和管理规范的，应当自接收备案材料之日起 15 个工作日内通知备案机构，说明理由并向社会公开。托育机构变更登记、注销登记后，应当及时登录托育机构备案信息系统向卫生健康部门变更备案信息或报送注销信息。

5. 附则

卫生健康、编制、民政、市场监管等部门应当将托育服务有关政策规定、托育机构登记和备案要求、托育机构有关信息在官方网站公开，接受社会查询和监督。省级卫生健康、编制、民政、市场监管部门可结合当地实际情况制定实施细则。

三、政策解读

《托育机构登记和备案办法（试行）》以《托育机构设置标准（试行）》《托育机构管理规范（试行）》两个文件为依据，给我国的托育机构专业化、规范化建设指明了方向，让我国的各类托育机构更蓬勃发展，从而更好地满足我国家庭对托育服务的需要。

第一，《托育机构登记和备案办法（试行）》根据托育机构的性质，将其划分为事业单位性质的托育机构、社会服务机构性质的托育机构、营利性托育机构，不同性质的机构应向不同的部门登记备案，这大大提高了各级各类托育机构的专业化建设。

第二，《托育机构登记和备案办法（试行）》就托育机构如何在线上进行备案、需要提供哪些材料进行了明确要求。各级各类托育机构按照本办法的要求能够快速地进行网上登记备案，提高了托育机构建设的效率和规范性。县级卫生健康部门负责辖区内已登记托育机构的备案。通过备案，卫生健康部门可以及时掌握托育机构的数据，能够及时对托育机构的发展进行监测。

第三，《托育机构登记和备案办法（试行）》限定了卫生健康部门的受理时限。符合规范的，卫生健康部门应当在 5 个工作日内提供备案回执和托育机构基本条件告知书，这意味着该托育机构资质审查合格，备案成功，可正常开展托育工作；不符合设置标准和管理规范的，卫生健康部门应当自接收备案材料之日起 15 个工作日内通知备案机构，说明理由并向社会公开。

💡 议一议

讨论和辨析《托育机构设置标准（试行）》《托育机构管理规范（试行）》《托育机构登记和备案办法（试行）》三者的关系。

((o)) 连线职场

　　如果你是一家营利性托育机构的负责人，准备去办理登记和备案，应该要确保托育机构符合哪些基本条件？提前准备好哪些材料？登记和备案的流程一共分为几步？请你查一查。

✎ 学习笔记

◯ 政策支持

托育机构要符合哪些基本条件？

　　1. 应当符合《中华人民共和国未成年人保护法》《中华人民共和国建筑法》《中华人民共和国消防法》等法律法规以及《托儿所、幼儿园建筑设计规范》《建筑设计防火规范》等国家标准或者行业标准；

　　2. 应当符合《托育机构设置标准（试行）》《托育机构管理办法（试行）》等要求；

　　3. 提供餐饮服务的，应当符合《中华人民共和国食品安全法》等法律法规，以及相应食品安全标准；

　　4. 法律法规规定的其他条件。

如何备案？需要提交哪些材料？

　　登录托育机构备案信息系统，在线填写托育机构备案书、备案承诺书，并提交以下材料扫描件：

　　1. 营业执照或其他法人登记证书；

　　2. 托育机构场地证明；

　　3. 托育机构工作人员专业资格证明及健康合格证明；

　　4. 评价为"合格"的《托幼机构卫生评价报告》；

　　5. 消防安全检查合格证明；

　　6. 法律法规规定的其他相关材料；

　　7. 提供餐饮服务的，应当提交"食品经营许可证"。

◯ 拓展阅读

《国家卫生健康委办公厅关于做好托育机构卫生评价工作的通知》文件解读

　　《托育机构登记和备案办法（试行）》第八条明确要求，托育机构备案时，应当提交"评价为'合格'的《托幼机构卫生评价报告》"。

　　为做好托育机构备案相关卫生评价工作，明确卫生评价基本要求与相关流程，国家卫生健康委员会结合工作实际，研究制定了《国家卫生健康委办公厅关于做好托育机构卫生评价工作的通知》。

　　该通知内容主要包括两部分。一是明确托育机构备案相关卫生评价基本要求。托育机构应以保障婴幼儿健康为出发点，满足《托育机构卫生评价基本标准（试行）》的要求，具体包括环境卫生、设施设备、人员配备、卫生保健制度4个方面14条基本要求。考虑到现阶段我国托育服务刚刚起步，托育机构普遍规模较小的状况，《托育机构卫生评价基本标准（试行）》定位于既要满足群众对婴幼儿照护服务安全规范的诉求，确保婴幼儿健康，又要与托育机构现行发展水平相适应，进一步促进托育机构健康发展。二是明确备案流程与管理要求。托育机构备案前应当按照《托育机构卫生评价基本标准（试行）》进行自我评估，备案时提供自我评价合格的卫生评价报告。同时加强事中事后监管，县级卫生健康部门在备案时核验托育机构卫生评价报告的完整性，在提供备案回执后，按照《托育机构卫生评价基本标准（试行）》从环境卫生、设施设备、人员配备、卫生保健制度4个方面对托育机构进行现场核实勘验，加强监督管理，保障婴幼儿健康。

学习效果检测

一、判断题

1.《托育机构登记和备案办法(试行)》规定，卫生健康部门在收到托育机构备案材料后，应当在 7 个工作日内提供备案回执和托育机构基本条件告知书。（　　）

2.《托育机构登记和备案办法(试行)》要求，登记机关应当及时将托育机构登记信息通过共享、交换等方式推送至上一级卫生健康部门。（　　）

3.《托育机构登记和备案办法(试行)》规定，卫生健康、编制、民政、市场监管等部门应当将托育服务有关政策规定、托育机构登记和备案要求、托育机构有关信息在官方网站公开，接受社会查询和监督。（　　）

文本资源
参考答案

二、简答题

1. 结合《托育机构登记和备案办法(试行)》，简述不同性质的托育机构应如何进行登记备案。

2. 结合《托育机构登记和备案办法(试行)》，简述托育机构备案的流程。

3. 简述《托育机构登记和备案办法(试行)》出台的意义。

三、社会实践题

课后查阅《托育机构登记和备案办法(试行)》的相关资料，并尝试画出一张托育机构申请登记和备案的流程图。

实操巩固

实训内容	收集户籍地托育机构登记备案办法，并列出流程指引。
人员构成	个人(或小组)。
呈现方式	成果：Word 在线文档 1 份。 展示：汇报多媒体课件 1 份。
注意事项	以班级为单位建立一份 Word 在线文档，对每个人(或每个小组)收集来的内容进行整理； 在线交流学习不同地区的托育机构登记备案办法的异同； 来自相同地区的同学可以合并为一个小组，但分工要明确，并在成果中注明。

学习模块四
托育机构保育规范与管理

在"学习模块三"中，我们学习了托育机构的设置与管理，对托育机构有了初步的了解。那么，具体到托育机构的保育工作一线，其工作内容应包含什么？0～3岁婴幼儿因其特殊的生理与心理发育特点，需要特别的呵护。托育机构要担负起卫生保健、保育指导、伤害预防、营养喂养等工作职责。了解与其相关的政策法规，有利于我们依法执教、教有所依、教有所据。

学习导图

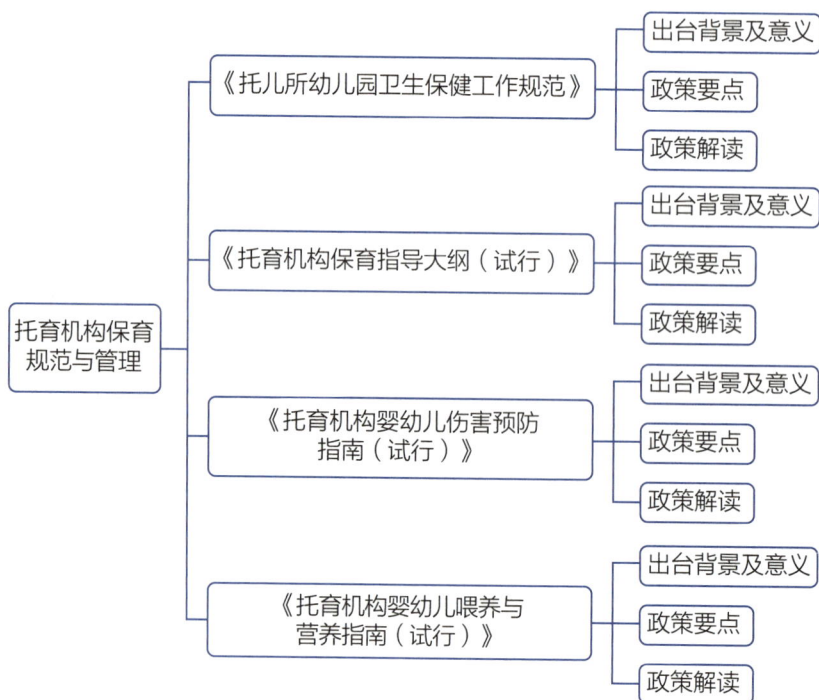

托育机构保育规范与管理

《托儿所幼儿园卫生保健工作规范》
- 出台背景及意义
- 政策要点
- 政策解读

《托育机构保育指导大纲（试行）》
- 出台背景及意义
- 政策要点
- 政策解读

《托育机构婴幼儿伤害预防指南（试行）》
- 出台背景及意义
- 政策要点
- 政策解读

《托育机构婴幼儿喂养与营养指南（试行）》
- 出台背景及意义
- 政策要点
- 政策解读

学习初体验

我们应该为0～3岁婴幼儿提供什么样的照护服务，才能保障他们身心健康发展？请同学们交流看法。

学习任务 1
《托儿所幼儿园卫生保健工作规范》

学习任务单

学习目标	①了解《托儿所幼儿园卫生保健工作规范》的出台背景与意义； ②了解《托儿所幼儿园卫生保健工作规范》的主要内容、具体要求； ③能根据《托儿所幼儿园卫生保健工作规范》，对照检查托育机构的卫生保健人员配备是否合理、工作是否科学规范。	
学习要点	①了解《托儿所幼儿园卫生保健工作规范》的主要内容、具体要求； ②能在具体实践中依据《托儿所幼儿园卫生保健工作规范》，对托育机构的卫生保健工作进行核查。	
学习建议	学习前	了解近几年曝出的有关托儿所、幼儿园卫生安全的事件。
	学习中	完成本任务的学习，根据《托儿所幼儿园卫生保健工作规范》对涉事园所的卫生保健工作进行反思。
	学习后	熟练掌握《托儿所幼儿园卫生保健工作规范》中的重点内容，并能结合具体园所的卫生保健工作进行评价、反思。
学习运用	实地走访你所在地的一所托育机构，根据《托儿所幼儿园卫生保健工作规范》的要求，对其卫生保健工作进行评价梳理，如存在问题，提出整改建议。	
学习反思	《托儿所幼儿园卫生保健工作规范》颁布实施后，卫生安全事件仍偶有发生。如何帮助托儿所、幼儿园筑牢卫生安全围墙，保证师幼人身安全与健康？	

📚 聚焦政策

　　托儿所、幼儿园(以下简称托幼机构)的服务对象年龄小、自理能力尚未形成，这对看护他们的托幼机构的安全卫生工作提出了非常高的要求。已经发生的幼儿园卫生安全事件不断挑动着家长和全社会的神经。基于托幼机构工作性质的特殊性及工作对象的重要性，为更好地适应现阶段托幼机构卫生保健工作的开展，2012年3月，《托儿所幼儿园卫生保健工作规范》公布。

一、出台背景及意义

（一）出台背景

　　学前期是对个体的一生产生重要影响的时期，是一个既蕴藏着巨大发展潜力又十分脆弱的时期，是一个既需要成人精心照顾和保护又需要发展自身好奇心、探求欲的时期。健康是教育的必要前提，托儿所、幼儿园作为学前教育机构，必然要担负艰巨而又重要的职责——为婴幼儿的发展提供健康的环境。托儿所、幼儿园卫生保健工作是公共卫生的一个领域，是我国儿童卫生保健服务的一个重要方面。1985年卫生部颁发的《托儿所幼儿园卫生保健制度》、1994年卫生部和国家教育委员会联合发布的《托儿所、幼儿园卫生保健管理办法》规范了各地托幼机构的卫生保健工作，为保障儿童的健康发挥了积极的作用。随着社会的进步，托幼机构卫生保健工作也有了新的理念和发展。在此期间，我国相继出台了《中华人民共和国母婴保健法》及其实施办法、《中华人民共和国食品安全法》及其实施条例、《中华人民共和国传染病防治法》及其实施办法等法律法规，卫生部、教育部及相关部门颁布了《学校食堂与学生集体用餐卫生管理规定》《餐饮业和集体用餐配送单位卫生规范》等一系列规范和制度。这些规范和制度对托幼机构的卫生保健工作也进行了相应的规定。2010年，《托儿所幼儿园卫生保健管理办法》经卫生部部委会议审议通过。2012年，为更好地贯彻落实《托儿所幼儿园卫生保健管理办法》，加强托儿所、幼儿园卫生保健工作，切实提高托幼机构卫生保健工作质量，特制定了《托儿所幼儿园卫生保健工作规范》。

（二）出台意义

　　《托儿所幼儿园卫生保健工作规范》的制定以《托儿所幼儿园卫生保健管理办法》等相关法律法规为依据，全面涵盖托儿所、幼儿园卫生保健工作管理和服务内容，强调科学性、可行性和可操作性。托幼机构卫生保健工作是一项任重而道远的事业，涉及多部门、多系统、多专业。该规范的出台完善了托幼机构卫生保健工作内容，明确了托幼机构卫生保健服务范围和技术要求，为提高托幼机构卫生保健工作质量，规范各级各类托幼机构卫生保健工作人员的服务和管理打下了基础。其实施具有重要意义。第一，为广大托幼机构的卫生安全工作提出了明确的规范和要求，明确了各部门的卫生保健工作职责和具体责任，规定了各项健康和环境设施的指标和卫生评价流程，还列出了多项表格供相关工作人员使用，对于建立健全配套法律法规及监督管理机制，开展预防性卫生监督，对从业人员加强专业培训，增强法律意识，促进托幼机构卫生保健水平及人员素质的整体提高有重大意义。第二，能更好地适应现阶段托幼机构卫生保健工作的开展，规范全国托幼机构卫生保健技术服务和管理工作，指明今后托幼机构卫生保健工作发展的趋势和方向，使托幼机构卫生保健工作常规化、制度化，提高各级妇幼保健机构对托幼机构卫生保健工作的指导水平，保障婴幼儿的身心健康，促进婴幼儿全面发展。

《托儿所幼儿园卫生保健管理办法》

1994 年 12 月，卫生部与国家教育委员会联合颁布了《托儿所、幼儿园卫生保健管理办法》，对提高托儿所、幼儿园卫生保健工作水平，预防和减少疾病发生，保障儿童身心健康起到了重要的促进作用。2003 年 7 月至 12 月，卫生部与教育部联合进行了托幼机构卫生保健监督检查，通过自查和抽查的方式，对全国 31 个省、自治区、直辖市进行调查，收集相关的配套规则、文件，了解各地贯彻实施《托儿所、幼儿园卫生保健管理办法》的情况、监督管理模式、实施覆盖面、实施效果和存在的主要问题等，并以此为依据，制定了《托儿所幼儿园卫生保健管理办法》，于 2010 年 11 月正式实施。《托儿所幼儿园卫生保健管理办法》增加了一些条款，且条理更加清晰、可操作性更强。全文共二十六条，主要包括制定目的、适用范围、基本方针、不同部门职责、食品安全、卫生保健人员、卫生保健工作、传染病管理、处罚办法、施行等内容。

若想了解《托儿所幼儿园卫生保健管理办法》的详细内容，请扫描二维码阅读。

文本资源

《托儿所幼儿园卫生保健管理办法》

二、政策要点

（一）基本结构

文本资源

《托儿所幼儿园卫生保健工作规范》

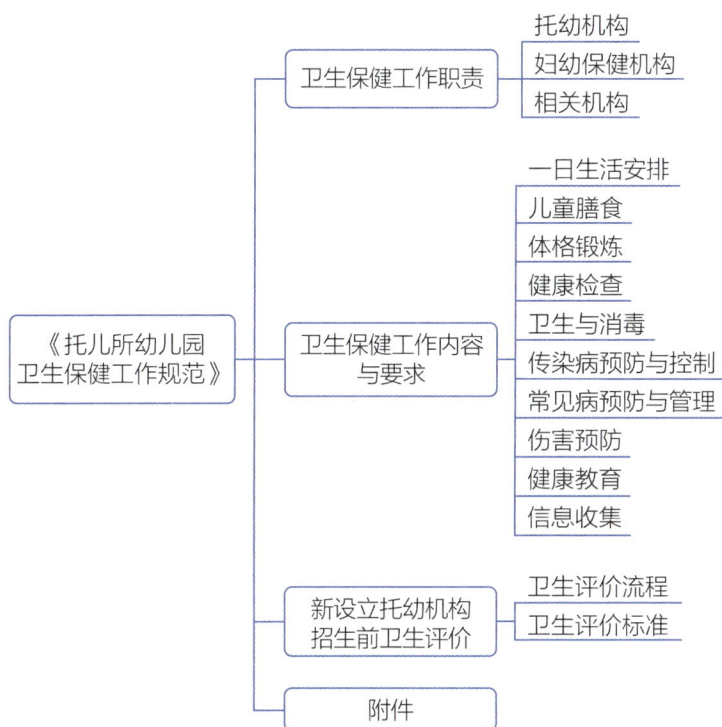

（二）主要内容

托幼机构卫生保健工作的主要任务是贯彻预防为主、保教结合的工作方针，为集体儿童创造良好的生活环境，预防控制传染病，降低常见病的发病率，培养健康的生活习惯，保障儿童的身心健康。全文共包括卫生保健工作职责、卫生保健工作内容与要求、新设立托幼机构招生前卫生评价与附件四部分内容，以下介绍前三部分内容。

1. 卫生保健工作职责

《托儿所幼儿园卫生保健工作规范》(以下简称《规范》)明确了托幼机构、妇幼保健机构以及相关机构的工作职责。

(1)托幼机构

《规范》从保健室设置、托幼机构的设计和建设、卫生保健工作制度和计划、工作人员和儿童健康检查制度、传染病预防控制工作、伤害预防控制工作、一日生活制度和体格锻炼计划、食品安全工作、工作人员培训指导、数据统计十个方面明确规定了托幼机构的职责，将托幼机构在卫生保健工作中的职责进一步细化，对规范各级各类托幼机构卫生保健工作的实施，更好地促进群体儿童卫生保健工作开展具有重要作用。

比如，在保健室设置方面，《规范》明确提出"设立保健室或卫生室，其设置应当符合本《规范》保健室设置基本要求。根据接收儿童数量配备符合相关资质的卫生保健人员"。

又如，在托幼机构的设计和建设方面，《规范》指出："新设立的托幼机构，应当按照本《规范》卫生评价的要求进行设计和建设，招生前应当取得县级以上卫生行政部门指定的医疗卫生机构出具的符合本《规范》的卫生评价报告。"

(2)妇幼保健机构

妇幼保健机构是由政府举办的，不以营利为目的，具有公共卫生性质的公益性事业单位，是为妇女儿童提供公共卫生和基本医疗服务的专业机构，包括妇幼保健院和妇幼保健所。《规范》对妇幼保健机构在托幼机构卫生保健工作管理上的职责进行了明确细化，方便各级妇幼保健机构和托幼机构在实际工作中进行操作。

比如，妇幼保健机构需要做到配合卫生行政部门，制订辖区内托幼机构卫生保健工作规划、年度计划并组织实施，制订辖区内托幼机构卫生保健工作评估实施细则，建立完善的质量控制体系和评估制度。依据《托儿所幼儿园卫生保健管理办法》，由卫生行政部门指定的妇幼保健机构对新设立的托幼机构进行招生前的卫生评价工作，并出具卫生评价报告。受卫生行政部门委托，妇幼保健机构对取得办园(所)资格的托幼机构每3年进行1次卫生保健工作综合评估，并将结果上报卫生行政部门。

妇幼保健机构定期对辖区内的托幼机构卫生保健工作进行业务指导。协助辖区内食品药品监督管理、卫生监督和疾病预防控制等部门，开展食品安全、传染病预防与控制宣传教育等工作。

(3)相关机构

《规范》涉及的主要相关机构包括疾病预防控制机构、卫生监督执法机构、食品药品监督管理机构、乡镇卫生院、村卫生室和社区卫生服务中心(站)。各机构相互合作，共同促进托幼机构卫生保健质量的提高。《规范》明确指出，"疾病预防控制机构负责定期为托幼机构提供疾病预防控制的宣传、咨询服务和指导""卫生监督执法机构依法对托幼机构的饮用水卫生、传染病预防和控制等工作进行监督检查""食品药品监督管理机构中负责餐饮服务监督管理的部门依法加强对托幼机构食品安全的指导与监督检查""乡镇卫生院、村卫生室和社区卫生服务中心(站)应通过妇幼卫生网络、预防接种系统以及日常医疗卫生服务等多种途径掌握辖区中的适龄儿童数，并加强与托幼机构的联系，取得配合，做好儿童的健康管理"。

2. 卫生保健工作内容与要求

(1)一日生活安排

第一，制订合理的生活制度。《规范》指出："托幼机构应当根据各年龄段儿童的生理、心理特点，结合本地区的季节变化和本托幼机构的实际情况，制订合理的生活制度。"

第二，合理安排儿童的时间。《规范》指出："合理安排儿童作息时间和睡眠、进餐、大小便、活动、游戏等各个生活环节的时间、顺序和次数，注意动静结合、集体活动与自由活动结合、室内活动与室外活动结合，不同形式的活动交替进行。"时间安排合理可以使儿童在园所内的生活既丰富多彩又有规律性。劳逸结合、动静交替不仅有利于儿童的生长发育和健康，而且还有助于培养儿童有规律的生活习惯，同时，也为保教人员顺利地做好保育和教育工作提供了重要的条件。在每日进餐和睡眠时间上，《规范》指出："根据儿童年龄特点和托幼机构服务形式合理安排每日进餐和睡眠时间。制订餐、点数，儿童正餐间隔时间 3.5～4 小时，进餐时间 20～30 分钟/餐，餐后安静活动或散步时间 10～15 分钟。"3 岁以下儿童日间睡眠时间可根据季节在 2～2.5 小时/日的基础上适当延长。

> **小提示**
>
> 托幼机构禁止加工变质、有毒、不洁、超过保质期的食物，不得制作和提供冷荤凉菜。留样食品应当按品种分别盛放于清洗消毒后的密闭专用容器内，在冷藏条件下存放 48 小时以上；每样品种不少于 100 克以满足检验需要，并做好记录。

(2)儿童膳食

第一，膳食管理。膳食管理是托幼机构管理的重要内容，只有做好这项工作才能保证儿童获得足够的营养，从而健康发展。

《规范》规范了膳食管理制度。"托幼机构食堂应当按照《食品安全法》、《食品安全法实施条例》以及《餐饮服务许可管理办法》、《餐饮服务食品安全监督管理办法》、《学校食堂与学生集体用餐卫生管理规定》等有关法律法规和规章的要求，取得《餐饮服务许可证》，建立健全各项食品安全管理制度。"

《规范》强调创设良好的就餐环境，培养儿童良好的进餐习惯。进餐环境应当卫生、整洁、舒适。餐前做好充分准备，按时进餐，保证儿童情绪愉快，培养儿童良好的饮食行为和卫生习惯。

托幼机构应当为儿童提供符合国家《生活饮用水卫生标准》的生活饮用水。保证儿童按需饮水。1～3 岁儿童饮水量 50～100 毫升/次，并根据季节变化酌情调整饮水量。

> **小提示**
>
> 科学合理制定儿童食谱，是保证儿童健康成长的关键。根据需要，托幼机构可以成立有家长代表参与的食谱制定小组，参与儿童食谱的制定。成立膳食委员会，听取各方意见，及时改进，不断提高膳食质量。另外，保健教师应定期计算每日膳食中各种营养素的供给量，制定食谱。

第二，膳食营养。制订科学、合理、平衡的膳食计划。托幼机构应当根据儿童生理需求，以《中国居民膳食指南》为指导，参考"中国居民膳食营养素参考摄入量(DRIs)"和各类食物每日参考摄入量，制订儿童膳食计划。根据膳食计划制订带量食谱，1～2 周更换 1 次。食物品种要多样化且合理搭配。

科学烹调是保证膳食质量和保存食物营养成分的重要环节，对食物的消化、吸收、利用和提高其营养价值均有重要作用。《规范》指出："在主副食的选料、洗涤、切配、烹调的过程中，方法应当科学合理，减少营养素的损失，符合儿童清淡口味，达到营养膳食的要求。"根据儿童的膳食心理特点调配和烹饪食物，《规范》指出，"烹调食物注意色、香、味、形，提高儿童的进食兴趣"。

> **议一议**
>
> 为什么要根据膳食计划制定带量食谱，1～2 周更换 1 次？

进行膳食调查和营养评估。膳食调查和营养评估是托幼机构膳食质量的重要保证。《规范》明确规定："托幼机构至少每季度进行 1 次膳食调查和营养评估。"此外，对热量分配和各类食物每日参考摄入量也进行了说明。

🔍 拓展阅读

安排婴幼儿膳食的原则

婴幼儿正处在生长发育的旺盛阶段，每天必须从膳食中摄取足够的营养物质和热量才能满足机体发育的需要。托幼机构或家庭在安排婴幼儿膳食时应遵循以下原则。

1. 营养均衡，科学合理；
2. 搭配得当，促进吸收；
3. 烹调细致，利于消化；
4. 清洁卫生，选材精良；
5. 品种多样，增进食欲。

如想了解全文，请扫描二维码阅读。

文本资源

安排婴幼儿膳食的原则

（3）体格锻炼

托幼机构应当根据儿童的年龄及生理特点，每日有组织地开展各种形式的体格锻炼，掌握适宜的运动强度，保证运动量，提高儿童身体素质。保证儿童室内外运动场地和运动器械的清洁、卫生、安全，做好场地布置和运动器械的准备。定期进行室内外安全隐患排查。利用日光、空气、水和器械，有计划地进行儿童体格锻炼。做好运动前的准备工作。运动中注意观察儿童面色、精神状态、呼吸、出汗量和儿童对锻炼的反应，若有不良反应要及时采取措施或停止锻炼；加强运动中的保护，避免运动伤害。运动后注意观察儿童的精神、食欲、睡眠等状况。全面了解儿童健康状况，患病儿童停止锻炼；病愈恢复期的儿童运动量要根据身体状况予以调整；体弱儿童的体格锻炼进程应当较健康儿童缓慢，时间缩短，并要对儿童运动反应进行仔细的观察。

（4）健康检查

第一，儿童健康检查。儿童健康检查包括入所健康检查、定期健康检查、晨午检及全日健康观察。

《规范》对儿童入所健康检查做了具体要求。儿童入所前应在医疗卫生机构，按照《托儿所幼儿园卫生保健管理办法》规定的项目开展健康检查，不得违反规定擅自改变健康检查项目。儿童入所时，托幼机构应当查验"儿童入所健康检查表""0～6岁儿童保健手册""预防接种证"。

《规范》明确了儿童定期健康检查的内容，具体规定了儿童定期检查的项目、每年检查的次数，以及对离园和转园儿童健康检查的要求。

在晨午检及全日健康观察方面，《规范》强调应每日进行，"做好每日晨间或午间入园（所）检查""卫生保健人员每日深入班级巡视2次，发现患病、疑似传染病儿童应当尽快隔离并与家长联系，及时到医院诊治，并追访诊治结果"。

🔍 拓展阅读

托幼机构可遵循"一问""二摸""三看""四查"的步骤，对儿童进行晨检。

"一问"，即询问家长，了解儿童离家时的健康状况，内容包括精神、食欲、睡眠、大小便、有无咳嗽和流鼻涕等症状。"二摸"，指通过手摸儿童额部及手心，判断儿童是否发热，若觉可疑，可对儿童进行体温测量。

"三看"，即看儿童精神是否活泼、面色是否正常，看有无流泪和结膜充血、有无流鼻涕，看皮肤有无皮疹（面、额、耳后、颈部）等。"四查"，指根据当地儿童传染病流行情况对易感儿童进行重点检查，检查儿童是否携带危险性的玩具或用品（石子、小刀、玻璃片等）。

《规范》对托幼机构的药品管理提出了明确要求："患病儿童应当离园（所）休息治疗。如果接受家长委托喂药时，应当做好药品交接和登记，并请家长签字确认。"

第二，工作人员健康检查。工作人员健康检查包括上岗前健康检查、定期健康检查。

（5）卫生与消毒

《规范》从环境卫生、个人卫生、预防性消毒三个方面提出了详细的要求。

第一，环境卫生。托幼机构应当建立室内外环境卫生清扫和检查制度，每周全面检查 1 次并记录，为儿童提供整洁、安全、舒适的环境。从整洁方面来说，采取湿式清扫方式清洁地面。厕所做到清洁通风、无异味，每日定时打扫，保持地面干燥。便器每次用后及时清洗干净。卫生洁具各班专用专放并有标记。抹布用后及时清洗干净，晾晒、干燥后存放；拖布清洗后应当晾晒或控干后存放。从安全方面来说，室内应当有防蚊、蝇、鼠、虫及防暑和防寒设备，并放置在儿童接触不到的地方，集中消毒应在儿童离园（所）后进行。保持玩具、图书表面的清洁卫生，每周至少进行 1 次玩具清洗，每 2 周图书翻晒 1 次。从舒适方面来说，保持室内空气清新、阳光充足。枕席、凉席每日用温水擦拭，被褥每月曝晒 1～2 次，床上用品每月清洗 1～2 次。

第二，个人卫生。儿童日常生活用品要求专人专用，保持清洁。要求每人每日 1 巾 1 杯专用，每人 1 床位 1 被。饭前便后应当用肥皂、流动水洗手，早晚洗脸、刷牙，饭后漱口，做到勤洗头洗澡换衣、勤剪指（趾）甲，保持服装整洁。托幼机构的工作人员也要注意保持个人卫生，给儿童树立一个良好的学习榜样。《规范》明确要求"工作人员应当保持仪表整洁，注意个人卫生。饭前便后和护理儿童前应用肥皂、流动水洗手；上班时不戴戒指，不留长指甲；不在园（所）内吸烟"。

第三，预防性消毒。儿童活动室、卧室应当经常开窗通风，保持室内空气清新。每日至少开窗通风 2 次。在不适宜开窗通风时，每日应当采取其他方法对室内空气消毒 2 次。餐桌每餐使用前消毒。水杯每日清洗消毒，用水杯喝豆浆、牛奶等易附着于杯壁的饮品后，应当及时清洗消毒。反复使用的餐巾每次使用后消毒。坐便器每次使用后及时冲洗，接触皮肤部位及时消毒。使用符合国家标准或规定的消毒器械和消毒剂。环境和物品的预防性消毒方法应当符合要求。

📈 **案例呈现**

某卫生监督员对位于某街道的托育机构进行监督检查时发现并经调查核实，该托育机构中的保育员进行环境和物品消毒时，存在消毒液浓度配比不正确、消毒液作用时间不准确、未严格按照《规范》开展卫生保健工作的情况。监督员曾针对该问题下达过责令改正通知书，责令该机构立即改正。该机构逾期不改。该机构的行为违反了《托儿所幼儿园卫生保健管理办法》第十五条的规定，依据规定，给予其警告的行政处罚。

（6）传染病预防与控制

督促家长按免疫程序和要求完成儿童预防接种。托幼机构应当建立传染病管理制度。班级老师每日登记本班儿童的出勤情况。对因病缺勤的儿童，应当了解儿童的患病情况和可能的原因，对疑似患传染病的，要及时报告给园（所）疫情报告人。园（所）疫情报告人接到报告后应当及时追查儿童的患病情况和可能的病因，以做到对传染病人的早发现。托幼机构内发现疑似传染病例时，应当及时设立临时隔离室，对患儿采取有效的隔离控制措施。临时隔离室内环境、物品应当便于实施随时性消毒与终末消毒，控制传染病在园(所)内暴发和续发。托幼机构应当配合当地疾病预防控制机构对被传染病病原体污染(或可疑污染)的物品和环境实施随时性消毒与终末消毒。发生传染病期间，托幼机构应当加强晨午检和全日健康观察，并采取必要的预防措施，保护易感儿童。卫生保健人员应当定期对儿童及其家长开展预防接种和传染病防治知识的健康教育，提高其防护能力和意识。患传染病的儿童隔离期满后，凭医疗卫生机构出具的痊愈证明方可返回园(所)。

(7)常见病预防与管理

托幼机构应当通过健康教育普及卫生知识，培养儿童良好的卫生习惯；提供合理平衡膳食；加强体格锻炼，增强儿童体质，提高对疾病的抵抗能力。定期开展儿童眼、耳、口腔保健，发现视力低常、听力异常、龋齿等问题进行登记管理，督促家长及时带患病儿童到医疗卫生机构进行诊断及矫治。对贫血、营养不良、肥胖等营养性疾病儿童进行登记管理，对中重度贫血和营养不良儿童进行专案管理，督促家长及时带患病儿童进行治疗和复诊。对先心病、哮喘、癫痫等疾病儿童，及对有药物过敏史或食物过敏史的儿童进行登记，加强日常健康观察和保育护理工作。重视儿童心理行为保健，开展儿童心理卫生知识的宣传教育，发现心理行为问题的儿童及时告知家长到医疗保健机构进行诊疗。

(8)伤害预防

托幼机构的各项活动应当以儿童安全为前提。托幼机构应当加强对工作人员、儿童及监护人的安全教育和突发事件应急处理能力的培训，定期进行安全演练，普及安全知识，提高自我保护和自救的能力。保教人员应当定期接受预防儿童伤害相关知识和急救技能的培训，做好儿童安全工作，消除安全隐患，预防跌落、溺水、交通事故、烧(烫)伤、中毒、动物致伤等伤害的发生。

(9)健康教育

托幼机构应当根据不同季节、疾病流行等情况制订全年健康教育工作计划，并组织实施。健康教育的内容包括膳食营养、心理卫生、疾病预防、儿童安全以及良好行为习惯的培养等。健康教育的形式包括举办健康教育课堂、发放健康教育资料、宣传专栏、咨询指导、家长开放日等。采取多种途径开展健康教育宣传。每季度对保教人员开展1次健康讲座，每学期至少举办1次家长讲座。每班有健康教育图书，并组织儿童开展健康教育活动。做好健康教育记录，定期评估相关知识知晓率、良好生活卫生习惯养成、儿童健康状况等健康教育效果。

(10)信息收集

《规范》根据托幼机构卫生保健工作要求，细化了对卫生保健工作的记录，包括出勤、晨午检及全日健康观察、膳食管理、卫生消毒、营养性疾病、常见病、传染病、伤害和健康教育等。托幼机构应当建立健康档案，包括托幼机构工作人员健康合格证、儿童入园(所)健康检查表、儿童健康检查表或手册、儿童转园(所)健康证明。

《规范》进一步明确了对工作记录的要求，更加便于卫生保健人员工作时使用。比如，"工作记录和健康档案应当真实、完整、字迹清晰。工作记录应当及时归档，至少保存3年""定期对儿童出勤、健康检查、膳食营养、常见病和传染病等进行统计分析，掌握儿童健康及营养状况"。针对我国托幼机构卫生保健发展不均衡的状况，《规范》指出："有条件的托幼机构可应用计算机软件对儿童体格发育评价、膳食营养评估等卫生保健工作进行管理。"

3. 新设立托幼机构招生前卫生评价

（1）卫生评价流程

这里明确了新设立的托幼机构在招生开始前的卫生评价流程。卫生评价结果为"合格"的托幼机构方可申请办园；卫生评价结果为"不合格"的托幼机构，整改后可重新申请评价。

（2）卫生评价标准

根据招生前托幼机构卫生保健工作的重点，从环境卫生、个人卫生、食堂卫生、保健室或卫生室设置、卫生保健人员配备、工作人员健康检查及卫生保健制度共 7 个方面分别提出了具体要求。各级托幼机构及专业人员在工作中可结合"新设立托幼机构招生前卫生评价表"进行评价。

三、政策解读

（一）指明了今后托幼机构卫生保健工作发展的趋势和方向

出台《规范》的目的是更好地促进托幼机构卫生保健工作的开展，指明今后托幼机构卫生保健工作发展的趋势和方向。《规范》指出，托幼机构卫生保健工作的主要任务是贯彻预防为主、保教结合的工作方针，为集体儿童创造良好的生活环境，预防控制传染病，降低常见病的发病率，培养健康的生活习惯，保障儿童的身心健康。这对提高托幼机构卫生保健工作水平、预防疾病和减少疾病发生、保障儿童身心健康都起着重要的促进作用。《规范》对托幼机构、妇幼保健机构以及相关机构的工作职责进行了明确的分工。托幼机构卫生保健工作内容包括一日生活安排、儿童膳食、体格锻炼、健康检查、卫生与消毒、传染病预防与控制、常见病预防与管理、伤害预防、健康教育、信息收集。《规范》还明确了新设立的托幼机构在招生开始前的卫生评价流程，并制定了详细的卫生评价标准。

（二）细化了托幼机构卫生保健工作的具体内容，使之常规化、制度化

《规范》的颁布，将托幼机构的卫生保健工作从制度上细化、责任上明确，同时也对各级各类政府卫生行政部门的职责进行了说明，有利于提高各级妇幼保健机构对托幼机构卫生保健工作的指导水平，保障儿童的身心健康，促进儿童的全面发展。《规范》完善了托幼机构卫生保健的工作内容，明确了托幼机构卫生保健服务的范围和技术要求，为提高托幼机构卫生保健工作质量、规范各类托幼机构卫生保健工作人员的服务和管理奠定了基础。例如，托幼机构的膳食安全是膳食管理工作的重中之重，不仅关系着儿童的生命健康，也关系着社会稳定。严格食品的操作制度，从原料到成品都应该做到责任到人、措施到位。《规范》中"膳食管理"的七个条目中有五个均提到了膳食的质量要求。比如，"托幼机构应当为儿童提供符合国家《生活饮用水卫生标准》的生活饮用水""儿童膳食应当专人负责""儿童膳食费专款专用""儿童食品应当在具有《食品生产许可证》或《食品流通许可证》的单位采购""禁止加工变质、有毒、不洁、超过保质期的食物，不得制作和提供冷荤凉菜"。

《规范》对从总目标到饮食安全、传染病防治等做了详细具体的规定，有利于托幼机构卫生安全工作的进一步落实，有助于儿童生长发育、疾病预防，为婴幼儿的身心全面健康成长提供了坚实可靠的保障。

学习效果检测

一、简答题

1.《规范》中"卫生保健工作内容与要求"部分包括哪十项内容?

2. 如何保障托幼机构中就餐儿童的安全?

3. 如何保障托幼机构中就餐儿童的营养?

4.《规范》是否对婴幼儿体格锻炼有要求?

5. 在传染病预防与控制方面,托幼机构该如何保证在园儿童的健康?

文本资源

参考答案

二、社会实践题

请实地走访你所在地的一所托育机构,根据《托儿所幼儿园卫生保健工作规范》的要求,对其卫生保健工作进行评价梳理,看是否存在不足或漏洞。如存在问题,请以书面方式提出具体的整改建议。

实操巩固

实训内容	利用见习或实训的机会,观察分析当地 1 家托育机构,对其卫生保健工作进行记录评价,形成观察报告。
人员构成	小组(3~5 人)。
呈现方式	成果:Word 在线文档 1 份。
注意事项	小组内部要分工明确,并在成果中注明; 观察记录的要点要写清,如时间、地点、观察对象等; 评价严格对照《托儿所幼儿园卫生保健工作规范》的内容; 观察记录前要与观察对象沟通,征得同意后再进行; 对一手资料可采用录音、录像等多种记录方式。

学习任务 2
《托育机构保育指导大纲(试行)》

学习任务单

学习目标	①了解《托育机构保育指导大纲(试行)》的出台背景及意义; ②掌握《托育机构保育指导大纲(试行)》中针对不同年龄阶段婴幼儿的保育目标及保育要点,掌握托育机构保育工作的组织与实施要求; ③依据《托育机构保育指导大纲(试行)》的有关内容,提高对婴幼儿保育工作的重视程度,形成科学的保育观; ④在婴幼儿保育服务实践中,能够恰当运用《托育机构保育指导大纲(试行)》指导自己的实际工作。	
学习要点	①掌握《托育机构保育指导大纲(试行)》中针对不同年龄阶段婴幼儿的保育目标和保育要点; ②依据《托育机构保育指导大纲(试行)》的有关内容,提高对婴幼儿保育工作的重视程度,形成科学的保育观。	
学习建议	学习前	①查阅国家卫生健康委员会关于托育机构建设的相关政策文件; ②查阅不同年龄阶段婴幼儿的生长发育特点。
	学习中	完成本任务的学习,根据婴幼儿不同年龄阶段的特点,明确保育的目标和注意的要点。
	学习后	在实际工作中提高对婴幼儿保育工作的重视程度。
学习运用	你觉得在哪些工作场景中可以运用到所学内容?(由学生填写)	
学习反思	请记录你在学习过程中的相关思考。(由学生填写)	

聚焦政策

服务于0～3岁婴幼儿的托育事业作为一种公共卫生事业，有异于服务于3～6岁幼儿的教育事业。0～3岁入园前这一阶段是早期教育的重要阶段，托育更多指向保育与教育；3岁之后，幼儿进入下一个发展阶段，身心各方面会呈现出与3岁之前不同的发展特点。

我国的0～3岁婴幼儿保育与教育仍处于起步阶段。托育机构作为首要服务于0～3岁婴幼儿的重要"角色"，应成为托育事业未来发展的主要着眼点。为指导托育机构为3岁以下婴幼儿提供科学、规范的照护服务，按照《指导意见》的要求，国家卫生健康委员会组织制定了《托育机构保育指导大纲（试行）》，并于2021年1月12日印发，为我国托育机构保育提供了科学的指导。

一、出台背景及意义

在托育行业中，托育服务的质量良莠不齐，一些托育机构教育理念陈旧，不熟悉婴幼儿的年龄特点和身心发展规律，照护质量不高。《托育机构保育指导大纲（试行）》的出台意味着国家层面的框架性政策已经基本完善，将为托育服务行业的专业化、科学化及规范化提供支持。

第一，满足了托育服务行业对国家层面框架性政策的需要。《托育机构保育指导大纲（试行）》从目标与要求上规定托育机构保育工作应当遵循婴幼儿发展的年龄特点与个体差异，通过多种途径促进婴幼儿身体发育和心理发展。保育重点应当包括营养与喂养、睡眠、生活与卫生习惯、动作、语言、认知、情感与社会性。这一国家政策给各地托育机构为婴幼儿提供照护服务提供了正确的导向，使得全国各地有章可循。

第二，满足了提供科学、规范的照护服务，促进婴幼儿健康成长的需要。《托育机构保育指导大纲（试行）》明确了托育机构保育的核心要义，强调托育机构保育应遵循"尊重儿童、安全健康、积极回应、科学规范"的基本原则，并将托育机构的功能分成了四大项，即提供"生活照料、安全看护、平衡膳食和早期学习机会"，体现出的理念和追求的目标是"促进婴幼儿身体和心理的全面发展"。

国家卫生健康委员会是婴幼儿照护服务发展工作的牵头部门。《托育机构保育指导大纲（试行）》具有很强的指导意义，与之前发布的《托育机构设置标准（试行）》《托育机构管理规范（试行）》一起形成了国家层面的托育机构政策规范。

二、政策要点

（一）基本结构

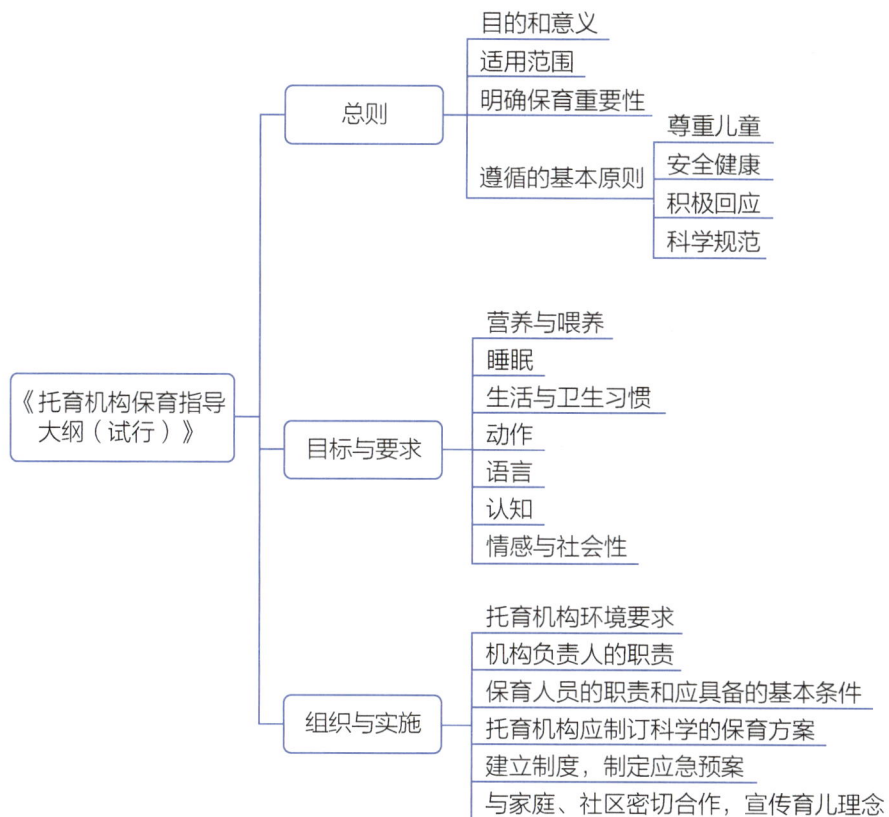

《托育机构保育指导大纲（试行）》

（二）主要内容

《托育机构保育指导大纲（试行）》规定了托育的目的依据、适用范围，明确了托育机构保育的核心要义，从七个方面分别对照护 7～12 个月、13～24 个月、25～36 个月三个年龄段的婴幼儿提出了目标、保育要点、指导建议，并在组织与实施方面提出了要求，为托育机构保育工作专业化发展提供了指导和依据。

1. 总则

适用于经有关部门登记、卫生健康部门备案，提供全日托、半日托等照护服务的托育机构。

托育机构通过创设适宜环境，合理安排一日生活和活动，提供生活照料、安全看护、平衡膳食和早期学习机会，促进婴幼儿身体和心理的全面发展。

托育机构保育应遵循以下基本原则。

尊重儿童。坚持儿童优先，保障儿童权利。尊重婴幼儿成长特点和规律，关注个体差异，促进每个婴幼儿全面发展。

安全健康。最大限度地保护婴幼儿的安全和健康，切实做好托育机构的安全防护、营养膳食、疾病防控等工作。

积极回应。提供支持性环境，敏感观察婴幼儿，理解其生理和心理需求，并及时给予积极适宜的回应。

科学规范。按照国家和地方相关标准和规范，合理安排婴幼儿的生活和活动，满足婴幼儿生长发育的需要。

议一议

请查阅《指导意见》，并结合《托育机构保育指导大纲（试行）》，讨论如何合理地安排托育机构中婴幼儿的一日活动。

2. 目标与要求

托育机构保育工作应当遵循婴幼儿发展的年龄特点与个体差异，通过多种途径促进婴幼儿身体发育和心理发展。具体内容见表 4-1 至表 4-7。

表 4-1 "营养与喂养"的目标及保育要点

营养与喂养		目 标	获取安全、营养的食物，达到正常生长发育水平； 养成良好的饮食行为习惯。
	保育要点	7～12 个月	继续母乳喂养，不能继续母乳喂养的婴儿使用配方奶喂养； 及时添加辅食； 每引入新食物要观察婴儿是否有不良反应； 不强迫喂食； 鼓励婴儿尝试自己进食。
		13～24 个月	继续母乳或配方奶喂养，提供多种类食物； 鼓励和协助幼儿自己进食，顺应喂养； 培养幼儿使用水杯喝水的习惯。
		25～36 个月	提供多种类食物； 培养幼儿专注进食习惯； 鼓励幼儿参与协助分餐、摆放餐具。

表 4-2 "睡眠"的目标及保育要点

睡眠		目 标	获得充足睡眠； 养成独立入睡和作息规律的习惯。
	保育要点	7～12 个月	培养婴儿独自入睡； 帮助婴儿采用仰卧位或侧卧位睡姿入睡； 减少安抚行为。
		13～24 个月	固定睡眠和唤醒时间； 开展睡前活动； 培养幼儿独自入睡的习惯。
		25～36 个月	规律作息； 引导幼儿自主做好睡眠准备。

表 4-3 "生活与卫生习惯"的目标及保育要点

生活与卫生习惯		目 标	学习盥洗、如厕、穿脱衣服等生活技能； 逐步养成良好的生活卫生习惯；
	保育要点	7～12 个月	及时更换尿布； 与婴儿互动交流； 识别及回应婴儿表达的需求。
		13～24 个月	鼓励幼儿及时表达大小便需求，形成排便规律，逐渐学会自己坐便盆； 协助和引导幼儿自己洗手、穿脱衣服； 引导和帮助幼儿学会咳嗽和打喷嚏的方法。

续表

生活与卫生习惯	保育要点	25～36 个月	培养幼儿主动如厕； 引导幼儿餐后漱口，正确洗手、擦手； 鼓励幼儿自己穿脱衣服。

表 4-4　"动作"的目标及保育要点

动作	目　标		掌握基本的大运动技能； 达到良好的精细动作发育水平。
	保育要点	7～12 个月	鼓励婴儿探索坐位、爬行、扶站、扶走； 促进抓、捏、握等精细动作发育。
		13～24 个月	为幼儿提供参加爬、走、跑、钻、踢、跳等活动的机会； 促进涂画、拼搭、叠套等精细动作发育； 鼓励幼儿自己喝水、用小勺吃饭、自己翻书。
		25～36 个月	提供参加跑、跨越、双脚跳、原地单脚跳、上下楼梯等活动的机会； 促进搭建、绘画、简单手工制作等精细动作发育； 鼓励幼儿自己用水杯喝水、用勺吃饭、协助收纳。

表 4-5　"语言"的目标及保育要点

语言	目　标		学会正确发音； 逐步掌握词汇和简单的句子； 学会运用语言进行交流； 初步发展早期阅读的兴趣和习惯。
	保育要点	7～12 个月	模仿和学习简单的发音； 帮助理解简单的词汇； 引导婴儿使用简单的声音、表情、动作、语言表达需求； 朗读简单的故事或儿歌。
		13～24 个月	培养正确发音； 鼓励使用词语或短句表达需求； 引导幼儿使用语言交流； 提供机会让幼儿多读绘本、多听故事、学念儿歌。
		25～36 个月	指导幼儿运用词语说出简单的句子； 鼓励幼儿用语言表达需求和感受； 使幼儿多听、多看、多说、多问、多想； 培养幼儿阅读的兴趣和能力。

续表

表 4-6　"认知"的目标及保育要点

认知	目标		运用感官探索环境； 逐步发展认知能力； 学会想办法解决问题。
	保育要点	7～12 个月	提供有利于视、听、触摸等材料； 鼓励婴儿调动感官，感知物体的大小、形状等； 引导婴儿观察周围的事物。
		13～24 个月	引导幼儿运用感官探索环境； 鼓励幼儿辨别常见物体的明显特征； 鼓励幼儿想办法解决问题。
		25～36 个月	引导幼儿运用感官反复持续探索周围环境； 启发幼儿观察辨别常见物体的特征和用途； 培养幼儿保持一定的专注力； 激发幼儿的想象力和创造力。

表 4-7　"情感与社会性"的目标及保育要点

情感与社会性	目标		有安全感； 逐步发展自我控制； 发展初步的社会交往能力。
	保育要点	7～12 个月	尊重和满足其情感需求； 引导婴儿理解和辨别不同情绪； 敏感察觉婴儿情绪变化，理解其情感需求并及时回应； 创设温暖、愉快的情绪氛围。
		13～24 个月	引导幼儿用表情、动作等表达情绪； 肯定和鼓励幼儿适宜的态度和行为； 引导幼儿认识他人不同的想法和情绪； 引导幼儿理解并遵守简单的规则。
		25～36 个月	引导其通过语言和行为等表达情绪情感； 鼓励幼儿进行情绪控制的尝试； 创设人际交往的机会和条件； 帮助幼儿理解和遵守简单的规则。

3. 组织与实施

　　托育机构应当提供健康、安全、丰富的生活和活动环境；托育机构负责人负责保育的组织与管理；保育工作应当根据婴幼儿身心发展特点和规律，制订科学的保育方案，合理安排一日生活和活动；托育机构应当建立信息管理、健康管理、疾病防控和安全防护监控制度；托育机构应当与家庭、社区密切合作，向家庭、社区宣传科学的育儿理念和方法。

三、政策解读

（一）贯彻落实《指导意见》的要求

《指导意见》强调，以需求和问题为导向，建立完善促进婴幼儿照护服务发展的政策法规体系、标准规范体系和服务供给体系，逐步满足人民群众对婴幼儿照护服务的需求，促进婴幼儿健康成长；同时，明确提出"安全健康，科学规范"的基本原则，"按照儿童优先的原则，最大限度地保护婴幼儿，确保婴幼儿的安全和健康。遵循婴幼儿成长特点和规律，促进婴幼儿在身体发育、动作、语言、认知、情感与社会性等方面的全面发展"。《托育机构保育指导大纲（试行）》的研制颁布表明我国托育机构照护服务规范体系建设正有序进行，人民的需求也正得到回应和满足。

（二）准确把握新时代"保育"新内涵

《托育机构保育指导大纲（试行）》明确指出，托育机构保育的内涵是"通过创设适宜环境，合理安排一日生活和活动，提供生活照料、安全看护、平衡膳食和早期学习机会，促进婴幼儿身体和心理的全面发展"。

由此可见，在新时代托育机构中，"保育"一词同时肯定了"保"和"育"的价值，体现了对婴幼儿身心健康的精心照料、保护和培育，使婴幼儿保育工作开展更具针对性。

（三）贯彻以婴幼儿健康发展为核心的价值追求

首先，托育机构保育工作应当坚持儿童优先，最大限度地保护婴幼儿的安全和健康。婴幼儿期是个体身心发展的最初阶段和最稚嫩时期。《托育机构保育指导大纲（试行）》指出，托育机构应当坚持儿童优先，将保护婴幼儿的安全和健康作为一切工作的重要前提和基本底线。不论是保育方案的制订，还是各方资源的整合，托育机构工作开展的方方面面都应以儿童的健康发展与成长利益的获得为前提考量。托育机构应当尊重和保障婴幼儿生存、发展、受保护和参与各项活动的权利，平等地对待每一名婴幼儿；为其提供健康、安全、丰富的生活和活动环境，切实做好安全防护、营养膳食、疾病防控等工作，最大限度地保护婴幼儿的安全和健康。3 岁以前是个体身体、语言、认知、情感与社会性发展和习惯养成的重要时期，托育机构应当把握和了解婴幼儿学习和发展的关键时期和重点内容，在适当时期为婴幼儿关键经验的获得提供条件，促进婴幼儿身体和心理的全面发展。

其次，托育机构应当遵循婴幼儿成长发展规律。婴幼儿的生理和心理随着其年龄增长逐渐成熟完善，其身心各方面的发展变化都有规律可循。年龄特点代表着特定年龄阶段婴幼儿普遍的发展水平，托育机构中的教师应深刻把握这一发展特点，从特点出发进行思考，便能知道他们适合学什么以及怎样学。深刻理解和把握婴幼儿身心发展的年龄特征、发展过程、发展方向及影响因素等规律，是托育机构保育人员真正理解婴幼儿以及有效开展保育工作的重要前提。《托育机构保育指导大纲（试行）》充分体现了尊重不同年龄婴幼儿的生理和心理特点的核心价值追求，强调托育机构保育人员应当主动了解和满足不同年龄阶段婴幼儿的发展需求。

最后，《托育机构保育指导大纲（试行）》为托育机构积极促进婴幼儿健康成长提供了明确的指导方向。《托育机构保育指导大纲（试行）》要求，托育机构应当制订科学的保育方案，合理安排婴幼儿饮食、饮水、如厕、盥洗、睡眠、游戏等一日生活和活动；

应当通过创设适宜环境，支持婴幼儿主动探索、操作体验、互动交流和表达表现，丰富婴幼儿的直接经验；应当细致观察婴幼儿的生理和心理需求，并给予及时、恰当的回应，让婴幼儿在机构中获得条件充足且适宜的发展环境。此外，为促进婴幼儿健康成长，托育机构应当与家庭、社区密切合作。一方面，依托家庭的支持调动更为丰富的资源支持托育机构保育工作，形成教育合力；另一方面，通过多种途径和形式向家庭、社区宣传科学的育儿理念和方法，提供照护服务和指导服务，共同营造有利于促进婴幼儿健康成长的支持性环境。

（四）推动托育机构实现可持续发展

我国托育行业起步晚，基础薄弱，发展缓慢。现阶段我国托育行业发展存在以下问题：托育机构供需不平衡，市场需求大，但托育机构普及率不高；托育机构从业人员素质不高，准入门槛低，专业程度低。在调查婴幼儿家庭择托难的原因后发现，近半数家长表示由于"优质的托育机构资源少"而不愿让孩子入托。《托育机构保育指导大纲(试行)》对托育机构而言是方向。托育机构保育应该遵循哪些原则？如何为婴幼儿打造适宜的发展环境？怎样合理安排托育机构的一日活动？应从哪些方面提高从业人员的专业素养？如何提高婴幼儿照护服务质量？这些都是当下托育机构保育工作亟待解决的问题，这些问题的解决对行业的可持续发展具有重要意义。《托育机构保育指导大纲(试行)》的颁布明确了以上内容，为托育机构甚至保育行业奠定了发展基础、指明了发展方向，有效推动了保育教育质量的提高。

🔍 拓展阅读

发展普惠托育服务体系确保"幼有所育"

党的二十大报告明确提出，要优化人口发展战略，建立生育支持政策体系，降低生育、养育、教育成本。

完善托育服务体系也是全国人大代表关注的焦点之一。2021年4月，全国人大常委会办公厅将十三届全国人大四次会议期间代表提出的"关于发展普惠托育服务体系的建议"作为重点督办建议，明确由国家卫生健康委员会牵头，会同中央编办、国家发展和改革委员会、教育部等部门办理。

国家卫生健康委员会高度重视重点督办建议办理工作，多措并举，全力推进，借助代表关注，切实履行牵头职责，会同各级各部门扎实有序开展托育服务工作。

1. 发展普惠托育服务

幼儿是未来社会巨大的人力资源，是未来社会可持续发展的重要保障。但当前我国托育服务发展状况与民众对高质量托育服务的需求之间还存在一定差距。群众入托需求较大，多数家庭期望在公办托育机构入托，但市场供给不平衡，优质的公办机构入托名额较少，普惠机构覆盖率低，民办机构占市场主体，收费相对较高，发展良莠不齐。此外，托育从业人员入职标准不高、专业培训缺乏、人员流动性大，导致了托育服务队伍素质不能适应托育服务快速发展，不能满足群众对高质量托育服务的需求。

"托育"有托管和培育的意思。随着人们育儿思想的升级，传统托育理念已不能满足当前需要，隔代照料已不是孩子最主要的照看方式。

机构托育在专业性、安全性方面有较大优势，但也存在开办难度大、收费高等问题。因此，应明确主管部门，推动托育事业发展，明确各方的责、权、利，切实保护婴幼儿的权益和托育者的权益。政府应设立一些普惠托育机构，引导社会力量积极参与；在职业院校、大专院校等开设3岁以下婴幼儿照护服务相关专业，加强人才培养，同时开展托育从业人员职业培训。此外，政府应强化经费保障，支持建设普惠托育服务项目，并制定普惠托育服务项目建设与运营补贴、托位补助、奖补激励等政策，为发展壮大普惠托育资源提供有力支持。

针对普惠托育服务机构缺乏标准规范和发展规划的问题，应加强顶层设计，尽快明确普惠托育服务体系建设的目标和重点，促进普惠托育服务健康发展。同时，加快建立托育服务从业人员职业资格准入及职业技能等级认定制度，建设一支有爱心、水平高的托育服务队伍，为高质量发展托育服务提供队伍保障。

2. 扩大普惠托育服务有效供给

针对代表们提出的问题和建议，国家卫生健康委员会加强组织部署，由人口家庭司牵头，联合各协办部门成立重点督办建议工作组，明确相关工作要求和进度。由教育部、财政部等承办部门相关工作负责同志作为联系人，加强重点督办建议办理过程中的沟通协作，做到"定人员、定时限、保质量"，剖析问题深层次原因，结合代表意见提出改进方向和举措，提出合理的建议措施。

在建立政策法规标准规范体系方面，国家卫生健康委员会印发托育机构设置标准、管理规范和登记备案办法，对促进托育机构专业化、规范化发展提出明确标准和管理规范；出台托育机构保育指导大纲、托育机构负责人和保育人员培训大纲等，指导托育机构为 3 岁以下婴幼儿提供科学、规范的照护服务。

为扩大普惠托育服务有效供给，联合发展改革部门深入开展普惠托育专项行动，2020 年以来，通过中央预算内投资约 20 亿元，给予每个新增托位 1 万元补助，带动新增普惠托位 20 万个。国家发展和改革委员会、民政部、国家卫生健康委员会印发《"十四五"积极应对人口老龄化工程和托育建设实施方案》，提出推进公办托育服务能力建设项目和普惠托育服务专项行动，以增加公办托育服务供给。此外，印发《托育综合服务中心建设指南(试行)》，指导地方做好公办托育服务能力建设项目申报工作。

3. 加快推进普惠托育服务发展

国家卫生健康委员会相关负责人表示，下一步将会同有关部门，继续加快推进发展普惠托育服务体系。

要以实现"十四五"末期"每千人口拥有 3 岁以下婴幼儿托位数"达到 4.5 个的目标为抓手，指导各地将发展普惠托育服务纳入各地经济社会发展规划，完善配套措施。

要发挥中央预算内投资引导和撬动作用，鼓励多种主体积极参与普惠托育服务体系建设，推动建成一批方便可及、价格可接受、质量有保障的托育机构。加强社区托育服务设施建设，完善居住社区婴幼儿活动场所和服务设施。

要尽快建立托育人才培养体系，优化专业目录，推进产教融合，扩充培养渠道，依法逐步实行工作人员职业资格准入制度，推动建立科学合理的薪酬待遇制度，畅通职业发展渠道。

此外，要全面加强综合监管，探索实施托育服务行业守信联合激励和失信联合惩戒，探索建立托育机构及从业人员"黑名单"制度。

国家卫生健康委员会将持续与代表保持联系，重点针对"十四五"时期发展普惠托育服务面临的困难和挑战，会同相关部门抓紧补短板、堵漏洞、强弱项。

（资料来源：赵晨熙，《发展普惠托育服务体系确保"幼有所育"》，载《法治日报》，2023-02-14。）

学习效果检测

一、判断题

1. 托育机构保育应遵循尊重儿童、安全健康、积极回应、科学规范的基本原则。（　　）

2.《托育机构保育指导大纲(试行)》从营养与喂养、睡眠、生活与卫生习惯、动作、语言、认知、情感与社会性七个方面，分别对照护 0～12 个月、13～24 个月、25～36 个月三个年龄段的婴幼儿，提出了目标、保育要点和指导建议。（　　）

3. 托育机构负责人负责保育的组织与管理，指导、检查和评估保育人员的工作。（　　）

文本资源

参考答案

4. 托育机构保育人员是保育工作的主要实施者，应具有良好的职业道德和业务能力，身心健康。负责婴幼儿日常生活照料和活动组织，主动了解和满足婴幼儿不同的发展需求。（　　）

5. 婴幼儿的生命初期阶段的生长发育规律决定了托育机构"以教为主，教养融合"的工作特征。（　　）

二、简答题

1. 简述托育机构保育应遵循的原则。

2. 简述"情感与社会性"的目标。

三、论述题

试论述如何引导 13～24 个月的幼儿养成良好的、健康的饮食习惯。

四、材料分析题

请分析以下这份半日托育活动计划的合理性。

8:30　入园，晨间接待

8:40　自由活动

9:00　喝水，如厕

9:10　集体游戏活动

9:40　喝奶

10:00　户外游戏活动

10:30　舞蹈律动

11:00　音乐游戏

11:30　离园

实操巩固

实训内容	设计一份托育机构一日活动流程。
人员构成	小组（3～5 人）。
呈现方式	成果：Word 在线文档 1 份。 展示：汇报多媒体课件 1 份。
注意事项	小组内部要分工明确，并在成果中注明； 一日活动流程设计要符合婴幼儿身心发展特点； 明确婴幼儿的年龄，不可笼统概括； 注重一日活动流程的可实操性，忌空谈。

学习任务 3

《托育机构婴幼儿伤害预防指南(试行)》

学习任务单

学习目标	①了解《托育机构婴幼儿伤害预防指南(试行)》的出台背景及意义; ②了解托育机构婴幼儿的伤害类型及预防要点; ③掌握托育机构针对窒息、跌倒伤、烧烫伤、溺水、中毒、异物伤害、道路交通伤害等伤害类型,在安全管理、改善环境、加强照护方面的方法要点; ④了解托育机构急救物资配置建议; ⑤了解托育机构婴幼儿伤害紧急处置提示。	
学习要点	①了解托育机构婴幼儿的伤害类型; ②掌握托育机构针对窒息、跌倒伤、烧烫伤、溺水、中毒、异物伤害、道路交通伤害等伤害类型,在安全管理、改善环境、加强照护方面的方法要点。	
学习建议	学习前	查阅、了解造成婴幼儿伤害的原因。
	学习中	完成本任务的学习,讨论不同类型的婴幼儿伤害如何预防。
	学习后	依据《托育机构婴幼儿伤害预防指南(试行)》,为婴幼儿设置安全的环境,用正确的方法照护,预防伤害的发生。
学习运用	你觉得在哪些工作场景中可以运用到所学内容?(由学生填写)	
学习反思	请记录你在学习过程中的相关思考。(由学生填写)	

📚 聚焦政策

众所周知，3 岁以下的婴幼儿自主能力尚未成熟，安全意识非常薄弱，伤害是他们面临的重要健康威胁。举个例子，在成长过程中，婴幼儿把玩具等异物塞进嘴巴里，或者因吃东西而被噎住的风险是极高的。据不完全统计，全国每年因吞咽异物或气管异物阻塞等意外而窒息死亡的儿童近 3000 名。

然而，大量证据表明，这些情况有时是可以避免的。作为婴幼儿照护服务机构，托育机构应当最大限度地保护婴幼儿，切实做好伤害预防工作。因此，出台指导托育机构预防婴幼儿伤害问题的政策法规，就显得十分有必要。为此，2021 年国家卫生健康委员会印发了《托育机构婴幼儿伤害预防指南（试行）》。

一、出台背景及意义

（一）"伤害"是影响我国婴幼儿健康的突出问题

婴幼儿的照护服务是保障和改善民生的重要内容，事关婴幼儿健康成长，事关千家万户。以习近平同志为核心的党中央高度重视婴幼儿照护服务发展。党的十九大报告要求，在"幼有所育"上不断取得新进展。社会各界要针对实施全面二孩政策后的新情况，加快发展多种形式的婴幼儿照护服务。

保障婴幼儿安全是托育机构设置、日常管理和提供照护服务的基本原则和底线要求。2019 年，《指导意见》将"安全健康，科学规范"作为 3 岁以下婴幼儿照护服务发展的基本原则，并提出了"按照儿童优先的原则，最大限度地保护婴幼儿，确保婴幼儿的安全和健康"的工作要求。然而，伤害一直是我国儿童安全、健康的重要威胁。伤害造成了儿童的就诊、住院甚至死亡，给儿童及其家庭带来了巨大的痛苦和负担。

（二）现阶段托育机构婴幼儿"伤害预防"有较大提升空间

伤害的发生与婴幼儿自身生理和行为特点、被照护的情况和所处的环境等诸多因素有关。虽然托育机构认识到预防婴幼儿伤害的重要性，也将保障婴幼儿安全工作定位为机构核心工作，但由于普遍缺乏系统的方法以及应对婴幼儿伤害的工作机制、工作规范，再加上保教人员对婴幼儿伤害的防范观念和意识不强、急救知识和技能水平较低，伤害仍偶有发生。因此，制定供托育机构实施婴幼儿伤害预防工作的专业技术指导性政策对托育机构而言具有十分重要的现实意义。

（三）"伤害预防"对婴幼儿的健康成长具有重大意义

婴幼儿安全是婴幼儿早期发展的主要内容，更是婴幼儿早期发展的基础和保障。儿童的大脑在出生后三年内发育最为迅速，儿童在这一时期对环境中刺激极为敏感。积极的因素能促进儿童认知发展，消极的因素则可能对儿童的身体、认知和情感发展带来长久的负面影响。可以说，预防婴幼儿伤害是保障儿童早期发展的基础，加强婴幼儿安全照护对促进婴幼儿早期发展具有重要作用。

二、政策要点

（一）基本结构

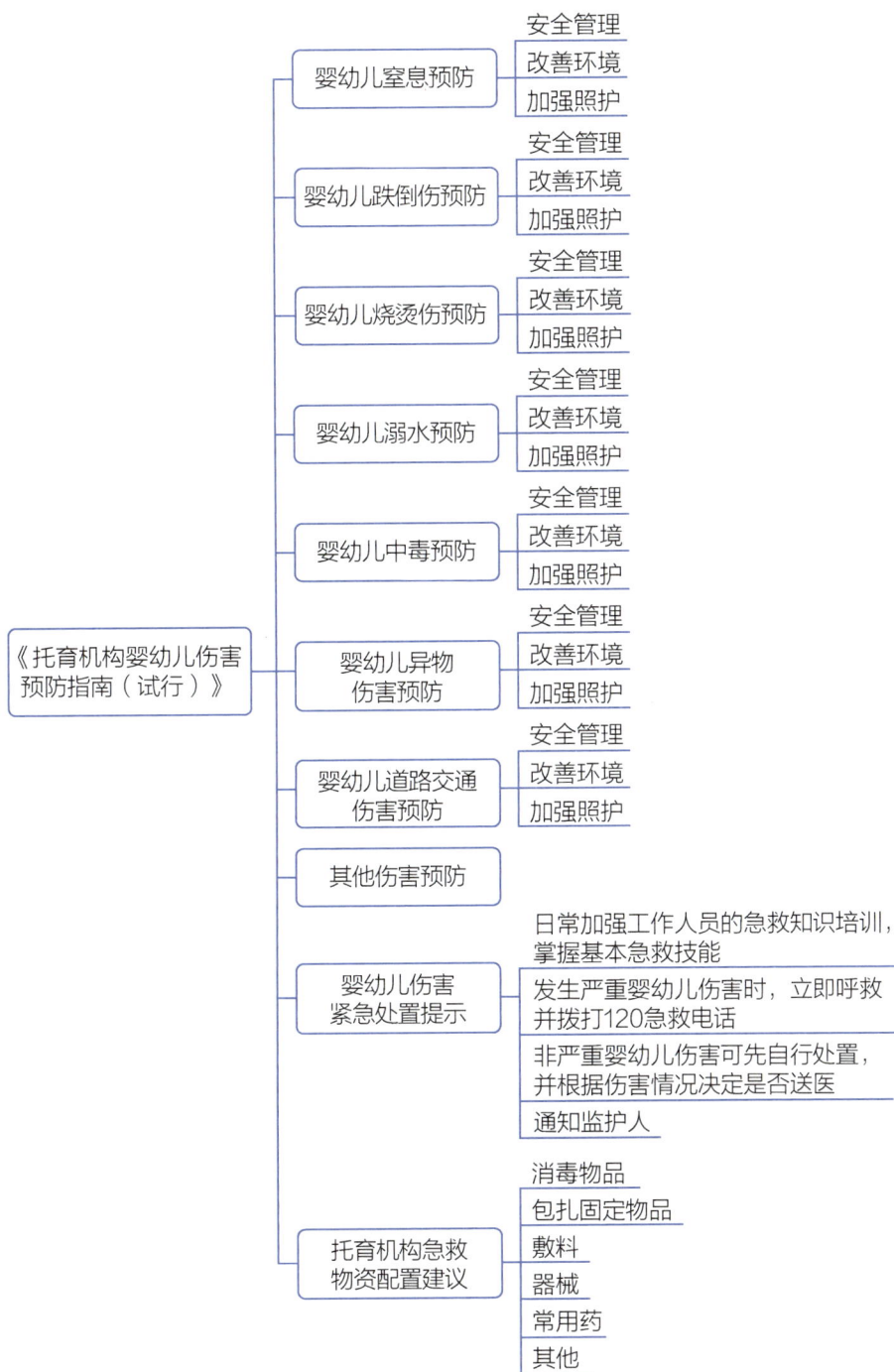

文本资源

《托育机构婴幼儿伤害预防指南（试行）》

（二）主要内容

2021 年 1 月，国家卫生健康委员会印发了《托育机构婴幼儿伤害预防指南（试行）》。该指南强调"预防为主"的原则，主要从安全管理、改善环境、加强照护三个方面，为托育机构管理者和工作人员开展婴幼儿伤害预防工作提出了具体指导建议。

1. 婴幼儿窒息预防

窒息是指呼吸道内部或外部障碍引起血液缺氧的状态。常见的婴幼儿窒息原因包括被床上用品、成人身体、塑料袋等罩住口鼻；吸入和咽下食物、小件物品、呕吐出的胃内容物等阻塞气道；绳带等绕颈造成气道狭窄；长时间停留在密闭空间导致缺氧等。预防婴幼儿窒息，工作人员要做到安全管理、改善环境、加强照护。

（1）安全管理

制定和落实预防婴幼儿窒息的管理细则，主要内容包括：婴幼儿生活环境和娱乐运动设备导致窒息风险的定期排查和清除；婴幼儿睡眠、喂养照护与管理；婴幼儿服饰、玩具安全管理；工作人员预防婴幼儿窒息的安全教育和技能培训。

（2）改善环境

排除导致婴幼儿窒息的安全隐患，需要托育工作人员帮助改善环境。可以从以下四个方面进行：将绳带、塑料袋、小块食物、小件物品等可造成婴幼儿绕颈或窒息的物品放在婴幼儿不能接触的位置；使用玩具、儿童用品等前后，检查有无零件、装饰物、扣子等破损、脱落或丢失；排除护栏、家具、娱乐运动设备中可能卡住婴幼儿头颈部的安全隐患；在橱柜、工具房等密闭空间设置防护设施，防止婴幼儿进入。

（3）加强照护

由于婴幼儿年龄小，自理能力弱，感知危险的意识不强，因此需要工作人员时刻关注他们的安全，并加强防护。婴幼儿睡眠时，检查其口鼻是否被床上用品、衣物等覆盖，并及时清除；不喂食易引起窒息的食物，婴幼儿进食时保持安静，避免跑跳、打闹等行为；婴幼儿在娱乐运动设备上玩耍时，加强看护，避免拉绳、网格等造成窒息。

> **议一议**
>
> 当不幸发生婴幼儿窒息事件时，有哪些急救处理措施？与同学们交流和分享。

> **找一找**
>
> 参观当地的托育机构，找一找园内是否存在可能令婴幼儿跌倒的安全隐患，并和同学们交流讨论如何改善。

2. 婴幼儿跌倒伤预防

跌倒伤是指一个人因倒在地面、地板或其他较低平面上的非故意事件造成的身体损伤。常见的婴幼儿跌倒伤原因包括：滑倒；从家具、楼梯或娱乐运动设备上跌落；从阳台坠楼等。婴幼儿正处于运动能力的发展过程中，跌倒较常见，托育机构应加强防护，预防婴幼儿跌倒伤。

（1）安全管理

制定和落实预防婴幼儿跌倒伤的管理细则，主要内容包括：严格执行《设计规范》相关条文；婴幼儿生活环境和娱乐运动设备跌倒伤风险的定期排查和清除；婴幼儿玩耍娱乐、上下楼、睡眠等活动的安全照护与管理；婴幼儿服饰、玩具安全管理；工作人员预防婴幼儿跌倒伤的安全教育和技能培训。

（2）改善环境

在日常生活中，托育工作人员应为婴幼儿创设防止出现跌倒伤的安全环境。地面应平整、防滑、无障碍、无尖锐突出物，并宜采用软质地坪；清除可能绊倒婴幼儿的家具、电线、玩具等物品。楼梯处装有楼梯门，确保婴幼儿不能打开。规范安装娱乐运动设备，设备周围地面使用软质铺装。婴幼儿床有护栏。在窗户、楼梯、阳台等周围不摆放可攀爬的家具或设施。墙角、窗台、暖气罩、窗口竖边等阳角处应做成圆角，家具选择圆角或使用保护垫。

（3）加强照护

具体可从以下方面入手。与家长沟通，为婴幼儿选择适宜活动的鞋、衣服等服饰；为婴幼儿换尿布、衣物时，应专心看护，始终与其保持近距离，中途不能离开；婴幼儿使用娱乐运动设备过程中或上下楼梯时，应加强看护，与其保持较近距离并确保婴幼儿在视线范围内；婴幼儿玩耍运动前，对玩耍运动环境、设备设施进行安全性检查。

3. 婴幼儿烧烫伤预防

烧烫伤是由热辐射导致的对皮肤或者其他机体组织的损伤，包括皮肤或其他组织中的部分或全部细胞因热液（烫伤）、热的固体（接触烧烫伤）、火焰（烧伤）等造成的损伤以及由放射性物质、电能、摩擦或接触化学物质造成的皮肤或其他器官组织的损伤。常见的婴幼儿烧烫伤原因包括热粥、热水等烫伤，取暖设备等烫伤，蒸汽高温等烫伤，火焰烧伤等。

（1）安全管理

制定和落实预防婴幼儿烧烫伤的管理细则，主要内容包括：严格执行《设计规范》相关条文；婴幼儿生活环境烧烫伤风险的定期排查和清除；婴幼儿进食、玩耍娱乐、洗浴清洁等活动照护与管理；婴幼儿玩具用品、电器、取暖设备安全管理；工作人员预防婴幼儿烧烫伤的安全教育和技能培训。

（2）改善环境

设置热水器出水最高温度应低于45摄氏度。设置专门区域存放热水、热饭菜、温奶器、消毒锅等物品，专用房间放置开水炉，并设置防护措施防止婴幼儿接触；使用门栏或护栏等防止婴幼儿误入厨房、浴室等可能造成烧烫伤的区域。桌子、柜子不使用桌布等覆盖物，以避免婴幼儿拉扯桌布，热源物倾倒、坠落。化学用品、打火机、火柴等物品专门保管并上锁；不使用有明火的蚊香驱蚊。

（3）加强照护

婴幼儿饮食、盥洗前检查温度；加热、取放热物时观察周围有无婴幼儿，避免因碰撞、泼洒造成烫伤；安全使用暖水袋等可能造成婴幼儿烫伤的用品。

> **📊案例呈现**
>
> **2岁多男童在托育机构被烫伤**
>
> 早上，孔女士将孩子送到托育机构，不到一小时，就接到工作人员的电话，称孩子被开水溅到。孩子被送到医院，诊断结果是深二度烫伤，不仅要进行伤口恢复，而且还要进行疤痕消除等治疗。
>
> 案例警醒我们，托育机构要在预防婴幼儿烧烫伤上给予高度重视。工作人员要及时排除安全隐患，对婴幼儿加强照护。

4. 婴幼儿溺水预防

溺水为一个因液体进入而导致呼吸损伤的过程。常见的婴幼儿溺水地点包括：浴缸、水盆、水桶等室内设施；池塘、游泳池等室外场所。

（1）安全管理

制定和落实预防婴幼儿溺水的管理细则，主要内容包括：婴幼儿生活环境溺水风险的定期排查和清除；婴幼儿洗浴清洁、玩耍等活动照护与管理；工作人员预防婴幼儿溺水的安全教育和技能培训。

（2）改善环境

托育机构内的池塘、沟渠、井、鱼缸、鱼池、涉水景观等安装护栏、护网。水缸、盆、桶等储水容器加盖，并避免婴幼儿进入储水容器所在区域。使用完水池、浴缸、盆、桶后及时排水。

(3)加强照护

保持婴幼儿在工作人员的视线范围内，避免婴幼儿误入盥洗室、厨房、水池边等有水区域；婴幼儿在水中或水边时，工作人员应专心看护，始终与其保持近距离，中途不能离开。

5. 婴幼儿中毒预防

中毒是指因暴露于一种外源性物质造成细胞损伤或死亡而导致的伤害。常见的毒物包括：农药、药物、日用化学品、有毒植物、有毒气体等。本指南的中毒指急性中毒，不包括慢性中毒。

(1)安全管理

制定和落实预防婴幼儿中毒的管理细则，主要内容包括：婴幼儿生活环境中毒风险的定期排查和清除；婴幼儿安全用药；工作人员预防婴幼儿中毒的安全教育和技能培训。

(2)改善环境

将药物、日用化学品等存放在婴幼儿无法接触的固定位置。规范使用消毒剂、清洁剂。使用煤火取暖的房间应有窗户、风斗等通风结构，并保证正常工作；正确安装、使用符合标准的燃气热水器。托育机构内不种植有毒植物，不饲养有毒动物。

(3)加强照护

玩具及生活用品应安全无毒，同时工作人员要关注婴幼儿的啃咬行为，避免婴幼儿因啃咬而导致中毒；避免有毒食物引起婴幼儿中毒，例如有毒蘑菇、未彻底加热煮熟的扁豆等。

6. 婴幼儿异物伤害预防

异物伤害是指因各种因素导致异物进入体内，并对机体造成一定程度损伤，出现了各种症状和体征，如食道穿孔、气道梗阻、脑损伤等。婴幼儿异物伤害多因异物通过口、鼻、耳等进入身体造成损伤，常见的异物包括：食物、硬币、尖锐异物、电池、小磁铁、气球、玩具零件及碎片等。

(1)安全管理

制定和落实预防婴幼儿异物伤害的管理细则，主要内容包括：婴幼儿生活环境异物伤害风险的定期排查和清除；婴幼儿饮食、玩耍等活动照护与管理；婴幼儿食物、玩具、儿童用品安全管理；工作人员预防婴幼儿异物伤害的安全教育和技能培训。

(2)改善环境

将硬币、电池、小磁铁、装饰品(例如项链、皮筋、耳环等)、文具(例如笔帽、别针)等小件物品放置在婴幼儿接触不到的区域；使用玩具、儿童用品等前后，检查有无零件、装饰物、扣子等破损、脱落或丢失；定期检查家具、娱乐运动设备有无易掉落的零件、装饰物(例如螺丝钉、螺母等)，并固定。

(3)加强照护

及时收纳可能被婴幼儿放入口、鼻、耳等身体部位的小件物品；及时制止婴幼儿把硬币、电池等小件物品放入口、鼻、耳等身体部位的行为；选择适龄玩具，不提供含有小磁铁、小块零件的玩具；不提供易导致异物伤害的食物，如含有鱼刺、小块骨头的食物。

7. 婴幼儿道路交通伤害预防

道路交通伤害是指道路交通碰撞造成的致死或非致死性损伤。道路交通碰撞是指发生在道路上至少牵涉一辆行进中车辆的碰撞或事件。

（1）安全管理

制定和落实预防婴幼儿道路交通伤害的管理细则，主要内容包括：托育机构车辆安全要求和管理制度，携带婴幼儿出行安全管理制度；托育机构内车辆行驶、停放安全管理制度，运输婴幼儿出行车辆驾驶员的资质要求，儿童安全座椅安全使用要求；工作人员预防婴幼儿道路交通伤害的安全教育和技能培训。

（2）改善环境

托育机构内将婴幼儿活动区域与车辆行驶和停靠区域隔离；托育机构出入口设立专门安全区域；托育机构出入口与道路间设置隔离设施。

（3）加强照护

携带婴幼儿出行时，应严格遵守道路交通法规；携带婴幼儿出行时，密切看管并限制婴幼儿随意活动；携带婴幼儿出行时，给婴幼儿穿戴有反光标识的衣物；婴幼儿乘坐童车出行时，规范使用童车安全带。

8. 其他伤害预防

除上述伤害类型以外，还要注意动物伤、锐器伤、钝器伤、冻伤、触电等其他类型伤害的预防控制。托育机构应针对本地区 3 岁以下婴幼儿实际面临的伤害问题，开展伤害防控工作，最大程度地确保婴幼儿健康安全。

9. 婴幼儿伤害紧急处置提示

①日常加强工作人员的急救知识培训，掌握基本急救技能。②发生严重婴幼儿伤害时，立即呼救并拨打 120 急救电话。等待救援期间，密切关注婴幼儿的生命体征，在掌握急救技能的前提下先予以现场急救。③非严重婴幼儿伤害可先自行处置，并根据伤害情况决定是否送医。④通知监护人。

三、政策解读

（一）敲响托育机构"婴幼儿伤害预防"的警钟

《托育机构婴幼儿伤害预防指南（试行）》能够使托育机构认识到制定意外伤害安全保障体系，规范托育机构工作人员的照护行为的重要性。大量证据表明，伤害不是意外，可以预防和控制。本指南主要针对窒息、跌倒伤、烧烫伤、溺水、中毒、异物伤害、道路交通伤害等 3 岁以下婴幼儿常见的伤害类型，为托育机构管理者和工作人员在安全管理、改善环境、加强照护三个方面开展伤害预防提供技术指导和参考。

（二）托育机构应最大限度地保障婴幼儿的健康与安全

《托育机构婴幼儿伤害预防指南（试行）》要求托育机构应当最大限度地保护婴幼儿的安全健康，切实做好伤害防控工作，建立伤害防控监控制度，制定伤害防控应急预案，重点开展五方面工作。第一，根据现有法律和相关规定要求，落实安全管理的主体责任，健全细化安全防护制度，认真执行各项安全措施。第二，排查并去除托育机构内环境安全隐患，提升环境安全水平。第三，规范和加强对婴幼儿的照护。第四，

✎ 学习笔记

◐ 议一议
结合《托育机构婴幼儿伤害预防指南（试行）》的具体内容，说一说其中有哪些婴幼儿伤害预防的核心策略。

开展针对工作人员、家长以及幼儿的伤害预防教育和技能培训。第五，加强对工作人员的急救技能培训，配备基本的急救物资。这些要求提高了托育机构建设的规范性。

学习效果检测

文本资源

参考答案

一、判断题

1. 在窗户、楼梯、阳台等周围不摆放可攀爬的家具或设施。（　　）

2. 常见的婴幼儿溺水地点包括浴缸、水盆、水桶等室内设施，池塘、游泳池等室外场所。（　　）

3. 药物、日用化学品等可以存放在婴幼儿可接触的固定位置。（　　）

二、简答题

1. 简述《托育机构婴幼儿伤害预防指南（试行）》中提到的婴幼儿伤害类型。

2. 简述《托育机构婴幼儿伤害预防指南（试行）》中婴幼儿窒息的预防方法。

3. 简述《托育机构婴幼儿伤害预防指南（试行）》中婴幼儿跌倒伤的预防方法。

实操巩固

实训内容	选择 3 种常见的婴幼儿伤害类型，并讨论应对流程办法，形成思维导图。
人员构成	小组（3～5 人）。
呈现方式	成果：Word 在线文档 1 份。 展示：汇报多媒体课件 1 份。
注意事项	小组内部要分工明确，并在文档中注明； 采用思维导图的方式呈现； 思维导图中文字要精练，内容要有强的实操性； 可以适当配合视频、动画进行讲解。

学习任务 4
《托育机构婴幼儿喂养与营养指南（试行）》

学习任务单

学习目标		①了解《托育机构婴幼儿喂养与营养指南（试行）》的出台背景、适用范围； ②掌握《托育机构婴幼儿喂养与营养指南（试行）》中 6～24 月龄及 24～36 月龄婴幼儿的喂养与营养要点； ③依据《托育机构婴幼儿喂养与营养指南（试行）》的指导意见，从感受和认识食物、培养饮食行为和体验饮食文化三方面提升婴幼儿食育水平； ④在婴幼儿照护服务实践中，能够恰当运用婴幼儿照护政策法规指导自己的实际工作，提升教养能力。
学习要点		①掌握《托育机构婴幼儿喂养与营养指南（试行）》中 6～24 月龄及 24～36 月龄婴幼儿的喂养与营养要点； ②掌握《托育机构婴幼儿喂养与营养指南（试行）》中关于 0～3 岁婴幼儿食育的内容。
学习建议	学习前	查阅当今我国关于婴幼儿膳食营养要求的文件。
	学习中	完成本任务的学习，讨论《托育机构婴幼儿喂养与营养指南（试行）》的内容对实操的指导意义。
	学习后	查阅、了解全国各地政府及托育机构关于《托育机构婴幼儿喂养与营养指南（试行）》的实施意见和具体举措； 依据《托育机构婴幼儿喂养与营养指南（试行）》的有关要求，提高对婴幼儿照护服务中膳食营养与喂养工作的重视程度。
学习运用		你觉得在哪些工作场景中可以运用到所学内容？（由学生填写）
学习反思		请记录你在学习过程中的相关思考。（由学生填写）

📚 **聚焦政策**

民以食为天。"一口好饭"不仅体现为吃饱，更体现为吃好。婴幼儿期是人一生中生长发育最快速的时期，如果这一时期营养不良，将会影响人一生的健康。合理、科学的膳食能够保证给予婴幼儿足够的热能和成长所需的各种营养素，满足婴幼儿生长发育的需要。而在托育机构生活的婴幼儿，每天主要的餐食都是由机构提供的。也就是说，为婴幼儿提供科学、规范的喂养服务，是托育机构的主要责任。

一、出台背景及意义

（一）出台背景

0～3岁是人的一生中生长与发育的关键时期，良好的营养不仅促进身高和体重的增长，更为大脑的发育提供了重要的信息物质。合理的膳食营养和喂养模式既是确保儿童实现可持续发展目标所必需的有效手段，也为降低行为疾病的发生起到了关键作用。因此，加强早期营养与科学喂养，不仅能够促进婴幼儿自身的发展，发挥其最大潜能，更能够提高人口综合素质，最终实现国家高速发展和人类健康成长。为了使大家了解0～3岁婴幼儿在营养与喂养方面的需求要点，促使0～3岁婴幼儿得到科学的喂养和充足的营养，也为了在给婴幼儿提供科学营养膳食服务等方面向托育机构提供专业指导，2021年12月，国家卫生健康委员会据《指导意见》的要求，制定了《托育机构婴幼儿喂养与营养指南（试行）》。

（二）出台意义

1. 重视婴幼儿的早期营养与科学喂养，利于健康成长

0～3岁婴幼儿处于生长发育的重要阶段，对各种营养的需求尤为旺盛。若每日膳食营养没有得到合理补充，喂养方式不合理，不仅会对其长期的生理发展造成不良影响，而且还会引起一些健康问题。上海市瑞金二路街道社区卫生服务中心开展了一次对比研究，根据喂养方式的不同，将社区内110名0～3岁婴幼儿随机分为科学组（对家长实施科学喂养指导）和对照组（家长自行实施喂养）。在10个月后的跟踪测评中，科学组的婴幼儿在体重、身高、运动发育指数及智力发育指数四项测评中的得分显著高于对照组。[1] 这一定程度上验证了科学的喂养不仅能够显著提升婴幼儿的喂养效果（身高及体重），也可以高效高质地促进婴幼儿在智力与运动双方面的发展。早期良好的营养和代谢不仅影响儿童的生长轨迹，保障和促进儿童体格和脑的发育，调节神经行为，影响日后的学习、认知能力发展及潜能发掘，而且可增强儿童的免疫功能，降低患病率。也就是说，营养的膳食和科学的喂养有利于保障儿童长期的认知功能发展与健康。

《托育机构婴幼儿喂养与营养指南（试行）》考虑到了婴幼儿的身心发展特点和需要，能够提高家长及托育机构对科学喂养的认识，从而为婴幼儿提供科学的喂养服务，利于婴幼儿的健康成长。

2. 规范托育机构喂养与营养服务，使托育机构科学喂养、有据可依

《托育机构婴幼儿喂养与营养指南（试行）》体现出了以婴幼儿健康成长为核心的理念，

---

① 徐蕾：《科学喂养对0—3岁幼儿生长发育的重要性》，载《饮食保健》，2018(34)。

传播了婴幼儿科学喂养的重要意义，普及了喂养知识和技能。该指南的出台补充了营养方面的规范和参考，有利于托育机构为婴幼儿提供科学喂养，有利于我国托育服务行业朝着优质科学喂养、优质照护的方向发展。

二、政策要点

（一）基本结构

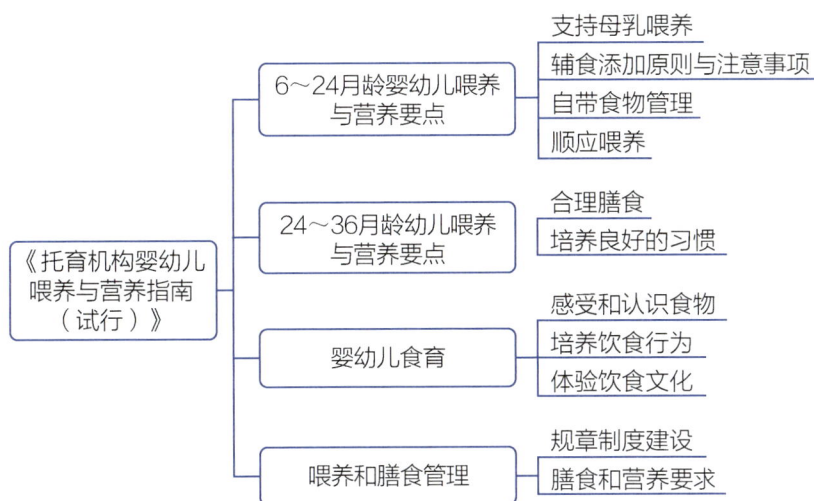

文本资源

《托育机构婴幼儿喂养与营养指南（试行）》

（二）主要内容

1. 6～24月龄婴幼儿喂养与营养要点

（1）支持母乳喂养

《托育机构婴幼儿喂养与营养指南（试行）》强调托育机构应与家庭配合支持母乳喂养，鼓励母亲亲喂，并从实际实施上为实现母乳喂养提供便利条件。主要内容有：①做好母乳喂养宣教；②按照要求设立喂奶室或喂奶区域，并配备相关设施、设备；③鼓励母亲进入托育机构亲喂，做好哺乳记录，保证按需喂养。

> ☀️ **小提示**
>
> 母乳存储须知见表4-8。
>
> ### 表4-8 母乳存储
>
> | 储存温度 | 储存时间 |
> | --- | --- |
> | 室温（25℃）（不建议室温储存） | 不超过4小时 |
> | 冰箱冷藏（4℃） | 不超过48小时 |
> | 冰箱冷冻（−20℃） | 不超过3个月 |

（2）辅食添加原则与注意事项

在辅食添加的过程中，《托育机构婴幼儿喂养与营养指南（试行）》分别强调了以下五点原则与注意事项。①从6月龄开始添加辅食，首选富含铁的泥糊状食物。②鼓励尝试新的食物，每次只引入1种。留意观察是否出现呕吐、腹泻、皮疹等不良反应，适应1种食物后再添加其他新的食物。若婴幼儿出现不适或严重不良反应，及时通知家长并送医。③逐渐调整辅食质地，与婴幼儿的咀嚼吞咽能力相适应，从稠粥、肉泥等泥糊状食物逐渐过渡到半固体或固体食物等。1岁以后可吃软烂食物，2岁之后可食

🗨️ **议一议**

婴幼儿辅食过敏时会有哪些症状呢？

用家庭膳食。④逐渐增加食物种类，保证食物多样化，包括谷薯类、豆类和坚果类、动物性食物(鱼、禽、肉及内脏)、蛋、含维生素 A 丰富的蔬果、其他蔬果、奶类及奶制品。⑤辅食应选择安全、营养丰富、新鲜的食材，并符合婴幼儿喜好。婴幼儿辅食应单独制作，1 岁以内婴儿辅食应当保持原味，不加盐、糖和调味品。制作过程注意卫生，进食过程注意安全。

(3)自带食物管理

针对自带食物的情况，托育机构应与家庭充分沟通，并做好接收和使用记录。如使用特殊医学用途婴儿配方食品，家长应提供医生或临床营养师的建议。

(4)顺应喂养

托育机构应根据不同年龄婴幼儿的营养需要、进食能力和行为发育需要，提倡顺应喂养。喂养过程中，应及时感知婴幼儿发出的饥饿和饱足反应(动作、表情、声音等)，及时做出恰当的回应，鼓励但不强迫进食。从开始辅食添加起，引导婴幼儿学习在嘴里移动、咀嚼和吞咽食物，逐步尝试自主进食。

🔍 拓展阅读

顺应喂养指导准则

世界卫生组织和联合国儿童基金会制定的婴幼儿喂养标准中，纳入了五种不同的顺应喂养指导准则。

①对于婴儿可采取直接喂养，对于年龄较大的儿童可在他们进餐的过程中提供适当的协助，同时对于他们的饱足情况要有足够的敏感性。

②慢且耐心地进行喂养，并鼓励儿童进餐，但不要强迫他们。

③如果儿童拒绝很多种食物，尝试使用不同的方式搭配组合食物，提供不同味道、质地的食物，采用不同的鼓励他们的方法。同时，也可以尝试多次向儿童提供同一种新的食物，因为有时他们会因陌生而拒绝尝试。

④记住，进餐时间是学习和接受、表达爱的窗口时间。在进餐时可对儿童说话，并保持眼神交流。

⑤如果儿童很容易分心，尽量减少吃饭时的干扰因素。

---

2. 24～36 月龄幼儿喂养与营养要点

(1)合理膳食

①食物搭配均衡，每日膳食由谷薯类、肉类、蛋类、豆类、乳及乳制品、蔬菜水果等组成。同类食物可轮流选用，做到膳食多样化。②每日三餐两点，主副食并重。加餐以奶类、水果为主，配以少量松软面点。晚间不宜安排甜食，以预防龋齿。③保证幼儿按需饮水，根据季节酌情调整。提供安全饮用水，避免提供果汁饮料等。④选择安全、营养丰富、新鲜的食材和清洁水制备食物。制作过程注意卫生，进食过程注意安全。⑤食物合理烹调，适量油脂，少盐、少糖、少调味品。宜采用蒸、煮、炖、煨等方法，少用油炸、熏制、卤制等。

(2)培养良好的习惯

24～36 个月是幼儿良好行为习惯养成的关键时期，托育机构工作人员应帮助与引导他们养成良好的习惯。①规律进餐，每次正餐控制在 30 分钟内。鼓励幼儿自主进食。②安排适宜的进餐时间、地点和场景，根据幼儿特点选择和烹制食物，引导幼儿对健康食物的选择，培养不挑食不偏食的良好习惯，不限制也不强迫进食。进餐时避免分散注意力。开始培养进餐礼仪。③喂养过程中注意进食安全，避免伤害。不提供易导致呛噎的食物，如花生、腰果等整粒坚果和葡萄、果冻等。④合理安排幼儿的身体活动和户外活动，建议户外活动每天不少于 2 小时。

3. 婴幼儿食育

第三部分明确了婴幼儿食育对婴幼儿的身心发展以及家庭环境中的亲密关系发展的重要意义，也强调了托育机构应该在食育中与家庭做好充分的配合。主要有以下三点内容。

(1)感受和认识食物

要充分尊重 0～3 岁婴幼儿处于感官敏感期的特点，在视觉、触觉、嗅觉、味觉、听觉等不同感知觉方面提供充足的刺激源，从而激发婴幼儿对于食物的好奇心与探索欲。通过引导婴幼儿观察或参与食材的种植、制备过程，为婴幼儿提供远超过"餐桌"的食物探索体验。

(2)培养饮食行为

营造安静温馨、轻松愉悦的就餐环境，引导婴幼儿享受食物，逐步养成规律就餐、专注就餐、自主进食的良好饮食习惯。正确选择零食，避免高糖、高盐和油炸食品。

(3)体验饮食文化

培养用餐礼仪、感恩食物、珍惜食物。结合春节、元宵、端午和中秋等传统节日活动，让幼儿体验中华饮食文化。

> **◆ 看一看**
>
> 参观当地托育机构，参照以上内容，看一看其是否达到了要求，有没有需要改善的地方，并记录下来。

4. 喂养和膳食管理

(1)规章制度建设

托育机构要按照《中华人民共和国食品安全法》《中华人民共和国食品安全法实施条例》等要求，严格落实各项食品安全工作，强化责任意识，制定食品安全应急处置预案，做好食源性疾病防控工作。

①托育机构应建立完善的母乳、配方食品和商品辅食喂养管理制度和操作规范，包括喂奶室管理制度，配方食品和商品辅食的接收、查验及储存、使用制度，及相关卫生消毒制度。②托育机构从供餐单位订餐的，应当建立健全机构外供餐管理制度，选择取得食品经营许可、能承担食品安全责任、社会信誉良好的供餐单位。对供餐单位提供的食品随机进行外观查验和必要检验，并在供餐合同(或者协议)中明确约定不合格食品的处理方式。③鼓励母乳喂养，为哺乳母亲设立喂奶室，配备流动水洗手等设施、设备。④托育机构乳儿班和托小班设有配餐区，位置独立，备餐区域有流动水洗手设施、操作台、调配设施、奶瓶架，配备奶瓶清洗、消毒工具，配备奶瓶、奶嘴专用消毒设备，配备乳类储存、加热设备。⑤托育机构应配备食品安全管理人员，并制订食堂管理人员、从业人员岗位工作职责，食品安全管理人员及从业人员上岗前应当参加食品安全法律法规和婴幼儿营养等专业知识培训。⑥婴幼儿膳食应有专人负责，班级配餐由专人配制分发，工作人员与婴幼儿膳食要严格分开。⑦做好乳类喂养、辅食添加、就餐等工作记录。

(2)膳食和营养要求

托育机构应做好膳食管理，并达到营养要求。

在膳食管理方面，托育机构应按照以下内容执行。①食品应储存在阴凉、干燥的专用储存空间。②标注配方食品的开封时间，每次使用后及时密闭，并在规定时间内食用。配方食品应按照产品使用说明按需、适量调配，调配好的配方奶 1 次使用，如有剩余，直接丢弃。③配方食品在规定的配餐区完成。调配好的配方奶，喂养前需要试温，做好喂养记录。

在营养要求方面，《托育机构婴幼儿喂养与营养指南(试行)》针对食谱的制定及餐食的制作、跟进等工作制定了详细的要求。

①托育机构应根据不同月龄(年龄)婴幼儿的生理特点和营养需求，制定符合要求的食谱，并严格按照食谱供餐。②食谱按照不同月龄段进行制定和实施，每 1 周或每 2 周循环 1 次。食谱要具体到每餐次食物品种、用量、烹制或加工方法及进食时间。③主副食的选料、洗涤、切配、烹调方法要适合不同月龄(年龄)婴幼儿，减少营养素的损失，符合婴幼儿清淡口味，达到营养膳食的要求。烹调食物注意色、香、味、形，提高婴幼儿的进食兴趣。④食谱中各种食物提供的能量和营养素水平，参照中国营养学会颁布的《中国居民膳食营养素参考摄入量(DRIs)(2013)》推荐的相应月龄(年龄)婴幼儿每日能量平均需要量(EER)和推荐摄入量(RNI)或适

宜摄入量(AI)确定。⑤食谱各餐次热量分配:早餐提供的能量约占一日的 30%(包括上午 10 点的点心),午餐提供的能量约占一日的 40%(含下午 3 点的午后点),晚餐提供的能量约占一日的 30%(含晚上 8 点的少量水果、牛奶等)。⑥食谱中各种食物的选择原则以及食物用量,参照中国营养学会颁布的《7-24 月龄婴幼儿喂养指南(2016)》《学龄前儿童膳食指南(2016)》中膳食原则,以及《7-24 月龄婴幼儿平衡膳食宝塔》《学龄前儿童平衡膳食宝塔》中建议的食物推荐量范围。⑦半日托及全日托的托育机构至少每季度进行一次膳食调查和营养评估。提供一餐的托育机构(含上、下午点)每日能量和蛋白质供给量应达到相应建议量的 50%以上;提供两餐的托育机构,每日能量和蛋白质供给量应达到相应建议量的 70%以上;提供三餐的托育机构,每日能量和蛋白质和其他营养素的供给量应达到相应建议量的 80%以上。⑧三大营养素热量占总热量的百分比是蛋白质 12%~15%,脂肪 30%~35%,碳水化合物 50%~65%。优质蛋白质占蛋白质总量的 50%以上。⑨有条件的托育机构可为贫血、营养不良、食物过敏等婴幼儿提供特殊膳食,有特殊喂养需求的,婴幼儿监护人应当提供书面说明。⑩定期进行生长发育监测,保障婴幼儿健康生长。

三、政策解读

(一)着眼于 6~36 个月婴幼儿的发展特点,提供相应的喂养与营养指导

婴幼儿时期是儿童生长发育的关键期,这一时期大脑和身体快速发育。《托育机构婴幼儿喂养与营养指南(试行)》分别聚焦 6~24 个月和 24~36 个月,提出了婴幼儿喂养与营养要点,指导养育人掌握科学育儿理念和知识,为婴幼儿提供良好的养育照护和健康管理,为婴幼儿未来的健康成长奠定基础。对于 6~24 个月的婴幼儿,应注重母乳喂养与膳食添加。比如,给婴幼儿添加辅食,应随其咀嚼能力的发展,依照泥糊状食物—半固体食物—固体食物—软烂食物—家庭膳食等顺序提供,同时强调了"顺应喂养"的概念,根据不同年龄婴幼儿的营养需要、进食能力和行为发育需要,提倡顺应喂养。对于 24~36 个月的幼儿,应注重提供合理均衡的膳食与培养良好的饮食习惯。

(二)强化养育人的主体责任,托育机构应积极配合

父母是婴幼儿养育照护和健康管理的第一责任人。只有父母不断提高科学育儿能力,托育机构做好保障与支持,在托育机构与父母的全力配合下,才能共同为婴幼儿的身心健康护航。为此,在对 6~24 个月婴幼儿的喂养上,《托育机构婴幼儿喂养与营养指南(试行)》明确指出,"支持母乳喂养""鼓励母亲进入托育机构亲喂",托育机构应为实现母乳喂养提供便利条件,如"为哺乳母亲设立喂奶室,配备流动水洗手等设施、设备";在婴幼儿食育上,"托育机构与家庭配合开展食育,让婴幼儿感受、认识和享受食物,培养良好进食行为和饮食习惯,启蒙中华饮食文化"。

(三)注重科学喂养,强化膳食管理

科学喂养和健康管理是促进婴幼儿健康成长的重要保障。《托育机构婴幼儿喂养与营养指南(试行)》遵循婴幼儿生长发育规律和特点,强调了针对不同月龄婴幼儿的喂养与营养要点,不仅可以作为托育机构专业人员的规范,也可以促使托育人员进行自学或者通过指导,了解、辨识婴幼儿科学喂养和营养、食育的基础知识,进而在养育实践中学习和掌握科学的喂养技能和方法,为婴幼儿提供科学的养育照护,促进婴幼儿的健康发展。此外,对托育机构的膳食安全管理提出了严格要求,要求托育机构建立完善的母乳、配方食品和商品辅食喂养管理制度和操作规范,包括喂奶室管理制度,配方食品和商品辅食的接收、查验及储存、使用制度,

相关卫生消毒制度，建立健全机构外供餐管理制度。

（四）弘扬中华饮食文化，注重增进亲子关系

文件中提到食育有益于身心健康，增进亲子关系。托育机构在对婴幼儿及其家庭进行喂养与营养指导的过程中，提倡开展食育，让婴幼儿感受、认识和享受食物，培养良好的进食行为和饮食习惯，启蒙中华饮食文化。在进行食育的过程中，亲子之间的交流得到加强，能够达到既促进婴幼儿身体健康发育，又使亲子之情倍增的目的。

🔍 拓展阅读

《3 岁以下婴幼儿健康养育照护指南（试行）》

在《托育机构婴幼儿喂养与营养指南（试行）》发布之后，国家卫生健康委员会又于2022 年 11 月 29 日发布了《3 岁以下婴幼儿健康养育照护指南（试行）》，旨在促进更广泛环境中婴幼儿营养健康的落实。《3 岁以下婴幼儿健康养育照护指南（试行）》中明确提出科学的养育照护和健康管理可以保障婴幼儿健康成长，促进婴幼儿早期的全面发展。托育机构的保育人员在充分学习政策精神和相关专业知识的同时，也要提高自身健康养育照护技能，并且向婴幼儿的家庭养育人提供专业的咨询指导。

文本资源

《3 岁以下婴幼儿健康养育照护指南（试行）》

《3 岁以下婴幼儿健康养育照护指南（试行）》共包含三部分内容：婴幼儿健康养育照护的重要意义，婴幼儿健康养育照护的基本理念，婴幼儿健康养育照护咨询指导内容。其中，在"营养与喂养"方面，婴幼儿健康养育照护咨询指导内容中明确提出，应注重母乳喂养、微量营养素的补充、辅食添加、培养良好的饮食习惯四个指导要点，同时明确了四个指导要点的具体内容。

可以说，《托育机构婴幼儿喂养与营养指南（试行）》从托育机构婴幼儿喂养与营养工作管理的角度为托育机构和从业人员提供了指引，而《3 岁以下婴幼儿健康养育照护指南（试行）》则从具体的营养与喂养知识和实操技能方面为托育机构中的照护者与家庭环境中的照护者提供了指引。托育机构从业人员需要同时学习并了解两份文件的具体内容，并在实操中将两者融会贯通。

🐘 学习效果检测

一、判断题

1.《托育机构婴幼儿喂养与营养指南（试行）》指出，辅食添加应从 9 月龄开始，首选富含铁的泥糊状食物。（　　）

2. 托育机构应当为婴幼儿营造安静温馨、轻松愉悦的就餐环境，并通过科学合理的一日流程的制定，使婴幼儿养成规律就餐的习惯。（　　）

文本资源

参考答案

二、简答题

1. 结合《托育机构婴幼儿喂养与营养指南（试行）》，简述开展婴幼儿食育的方法。

2. 结合《托育机构婴幼儿喂养与营养指南（试行）》，简述 6～24 月龄婴幼儿喂养与营养要点。

3. 结合《托育机构婴幼儿喂养与营养指南（试行）》，简述 24～36 月龄幼儿喂养与营养要点。

实操巩固

实训内容	为 24～36 个月的幼儿设计一周的喂养食谱,并写清其营养配比。
人员构成	小组(3～5 人)。
呈现方式	成果:Word 在线文档 1 份。 展示:汇报多媒体课件 1 份。
注意事项	小组内部要分工明确,并在成果中注明; 一周特指周一至周五婴幼儿入托的时间段; 每日食谱要标记清楚营养配比; 注重一周营养配比的科学性。

学习模块五
托育服务人员专业素养与职业伦理

托育服务事业的高质量、可持续发展，离不开高素质、高水平的从事托育服务的专业人员。托育服务人员的专业素养是托育机构质量的体现，事关婴幼儿的身心健康发展。国家为规范从业者的职业行为，提升其专业素养，引导职业教育培训的方向等，出台了一系列相关文件。本学习模块特别针对这些文件进行了解读，以期帮助学生从中获得托育服务人员专业素养的相关知识，并运用到实践中。

学习导图

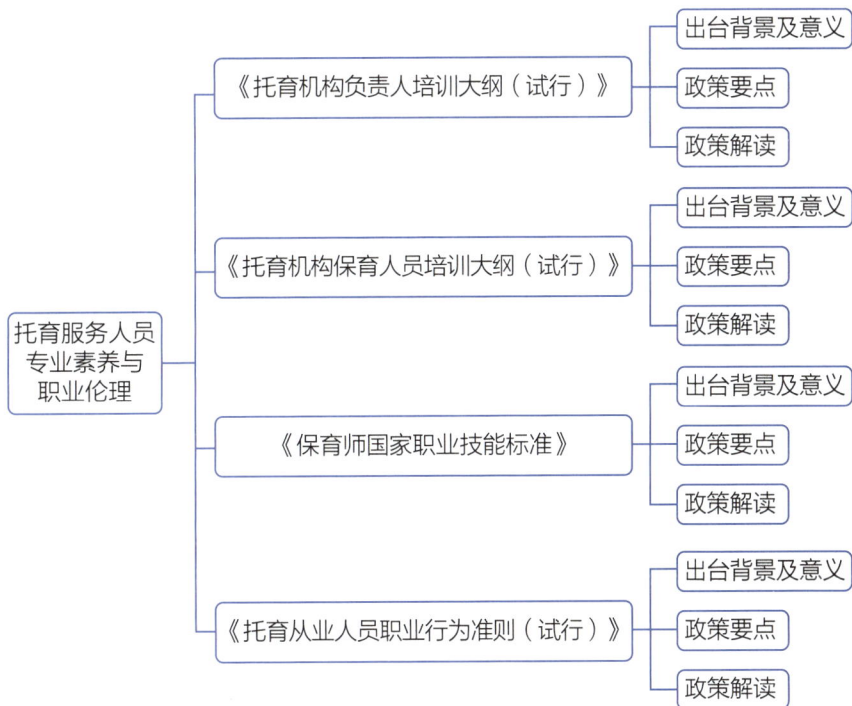

托育服务人员专业素养与职业伦理
- 《托育机构负责人培训大纲（试行）》
  - 出台背景及意义
  - 政策要点
  - 政策解读
- 《托育机构保育人员培训大纲（试行）》
  - 出台背景及意义
  - 政策要点
  - 政策解读
- 《保育师国家职业技能标准》
  - 出台背景及意义
  - 政策要点
  - 政策解读
- 《托育从业人员职业行为准则（试行）》
  - 出台背景及意义
  - 政策要点
  - 政策解读

学习初体验

参观当地的托育机构，了解与观察托育服务人员的工作内容。请同学们交流看法，谈一谈作为托育服务人员应具备哪些专业素养。

学习任务 1
《托育机构负责人培训大纲(试行)》

学习任务单

学习目标	①了解《托育机构负责人培训大纲(试行)》的出台背景及意义; ②掌握《托育机构负责人培训大纲(试行)》的基本内容; ③依据《托育机构负责人培训大纲(试行)》的有关要求,提高对托育机构负责人培训的重视程度。	
学习要点	①了解《托育机构负责人培训大纲(试行)》的基本内容; ②掌握《托育机构负责人培训大纲(试行)》的基本要求。	
学习建议	学习前	查阅当前托育机构负责人培训的相关要求。
	学习中	完成本任务的学习,讨论《托育机构负责人培训大纲(试行)》的主要内容。
	学习后	查阅、了解本地区托育机构负责人培训的基本情况,依据《托育机构负责人培训大纲(试行)》的有关要求,指明应从哪些方面提高培训的专业性。
学习运用	你觉得在哪些工作场景中可以运用到所学内容?(由学生填写)	
学习反思	请记录你在学习过程中的相关思考。(由学生填写)	

📚 聚焦政策

为进一步认真贯彻《指导意见》精神，切实加强托育机构负责人队伍专业化建设，建立健全托育机构负责人培训制度，2021年8月，国家卫生健康委员会印发了《托育机构负责人培训大纲(试行)》。这是国家层面发布的第一份关于托育机构负责人培训的文件，对托育机构负责人的培训有着全面而权威的指导意义，将进一步规范托育机构负责人培训工作，端正负责人办托思想，规范办托行为和提升管理能力。

一、出台背景及意义

《指导意见》强调，3岁以下婴幼儿照护服务是生命全周期服务管理的重要内容，事关千家万户。"婴幼儿照护服务"不仅是个人的家事，更是人民的国事。婴幼儿照护服务质量不仅关系着3岁以下婴幼儿的身心发展，是千家万户在择托时考虑的重要因素之一，更关系着"幼有所育"的民生保障和改善。但随着托育事业的迅速发展，托育机构呈现出许多问题。《托育机构管理规范(试行)》指出："托育机构应当建立工作人员岗前培训和定期培训制度，通过集中培训、在线学习等方式，不断提高工作人员的专业能力、职业道德和心理健康水平。"

托育机构负责人是托育事业高质量发展的重要抓手，在托育机构中扮演着重要的角色，其领导实践直接影响着托育机构、保育人员及婴幼儿的发展。伴随着婴幼儿照护服务事业的蓬勃发展，未来托育机构的数量会不断增加。负责人培训是托育机构负责人队伍质量提升的重要途径。因此，有必要尽快启动实施托育机构负责人能力提升专项项目，对托育机构负责人的职责、工作内容、职业道德、职业能力等方面进行规范，进而助力高素质专业化的托育机构负责人队伍建设。

《托育机构负责人培训大纲(试行)》的出台，为托育机构负责人提供了工作职责的内容指导，能够端正托育机构的办托思想，规范托育机构的办托行为，提升托育机构负责人的理论管理水平和实践管理能力。《托育机构负责人培训大纲(试行)》成为当前托育机构重要管理人员进行职业行为规范的重要依据，能够进一步促进托育机构的规范化、专业化发展，助力托育事业的高质量发展，守护婴幼儿的身心健康发展。

二、政策要点

（一）基本结构

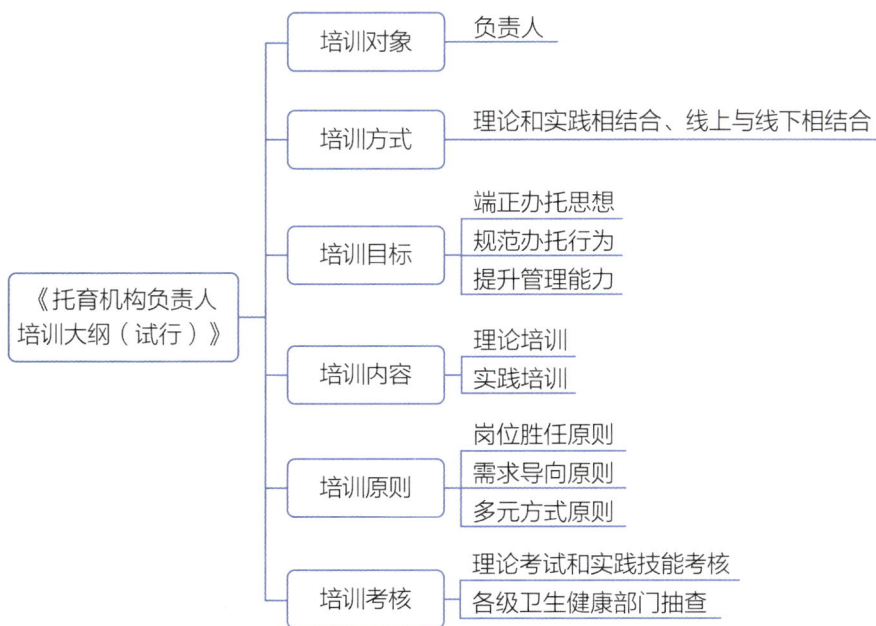

文本资源

《托育机构负责人培训大纲(试行)》

（二）主要内容

1. 培训对象

拟从事或正在从事托育机构管理工作的负责人。

2. 培训方式

采用理论和实践相结合、线上与线下相结合的方式。培训总时间不少于 60 学时，其中理论培训不少于 40 学时，实践培训不少于 20 学时。

3. 培训目标

培训制定了三点目标：一是使托育机构负责人端正办托思想，正确理解贯彻党和国家的托育服务方针政策；二是规范办托行为，具备履行岗位职责必备的基本知识与能力；三是增强管理能力，能够科学组织与管理托育机构。具体内容如表 5-1 所示。

表 5-1　托育机构负责人培训目标及基本要求

人员类别	培训目标	基本要求
托育机构负责人	端正办托思想	1. 熟悉并执行托育服务相关政策法规，增强法治意识，履行岗位职责，遵守行业规范。
		2. 具备良好的职业道德，树立正确科学的儿童观、保育观。
	规范办托行为	1. 理解托育机构管理岗位要求，能够建立信息管理、健康管理、疾病防控和安全防护监控制度，制定安全防护、传染病防控等应急预案，确保婴幼儿的安全和健康。
		2. 根据婴幼儿身心发展特点和规律，制订科学的保育方案，合理安排一日生活和活动，提供支持性环境，满足婴幼儿健康成长的需要。
	提升管理能力	1. 规划托育机构发展，加强保育的组织与管理，增强对保育人员的指导、检查和评估，引领托育机构质量提升。
		2. 与家庭、社区密切合作，整合各方资源支持托育机构保育工作，向家长、社区提供照护服务和指导服务，帮助家庭增强科学育儿能力。

4. 培训内容

《托育机构负责人培训大纲（试行）》从理论和实践两个方面为托育机构负责人制定了培训内容，旨在培养理论知识与实践能力并重的机构负责人。具体培训内容见表 5-2。

表 5-2　托育机构负责人培训科目及主要内容

培训人员	类别	培训科目	主要内容
托育机构负责人	理论培训	法律法规和政策文件	《中华人民共和国未成年人保护法》《中华人民共和国母婴保健法》《中华人民共和国母婴保健法实施办法》《中华人民共和国食品安全法》《托儿所幼儿园卫生保健管理办法》等相关法律法规，《指导意见》《托育机构设置标准（试行）》《托育机构管理规范（试行）》《设计规范》《建筑设计防火规范》《托育机构登记和备案办法（试行）》《托育机构保育指导大纲（试行）》《托育机构婴幼儿伤害预防指南（试行）》《婴幼儿喂养健康教育核心信息》等相关政策文件。

续表

培训人员	类别	培训科目	主要内容
托育机构负责人	理论培训	职业道德	职业认同，岗位职责，行业规范，儿童权利，婴幼儿家庭合法权益，心理健康知识。
		专业理念	儿童观，保育观，与家庭、社区合作共育观念，医育结合理念。
		规范发展	登记备案，托育服务协议签订，收托健康检查，收托信息管理，信息公示，机构发展规划，机构发展反思与改进。
		卫生保健知识	室内外环境卫生，设施设备、用品、材料等卫生消毒，婴幼儿常见疾病、传染病、伤害的预防与控制，科学喂养与膳食添加，睡眠环境与照护，晨午检与全日健康观察，体格锻炼，心理行为保健，工作人员健康管理。
		安全防护	安全消防知识，食品安全知识，场地设施，婴幼儿适龄的家具、用具、玩具、图书、游戏材料配备要求，安全防护措施和检查，突发事件应急预案与处理。
		保育管理	婴幼儿生理、心理发展知识，一日生活和活动安排与组织，生活与卫生习惯培养，动作、语言、认知、情感与社会性等方面保育要点，户外活动要求与组织，游戏安排与组织，环境创设与利用。
		人员队伍管理	人员配备与资格要求，人员劳动合同签订，人员合法权益保障，人员职位晋升与工作激励，人员岗前培训与定期培训，人员安全与法治教育，人员专业发展规划，人员心理健康管理。
		外部关系	家长会议、家长接待与咨询、家长委员会、家长开放日等与家庭合作相关的要求与策略，向家庭、社区提供照护服务和指导服务的内容与策略，配合主管部门业务指导的内容与要求。
	实践培训	机构规范设置	托育机构场地、建筑设计、室内外环境、设施设备、图书与游戏材料等规范设置的实践观摩与学习。
		日常管理制度	信息管理、健康管理、膳食管理、疾病防控、安全防护、人员管理、人员培训、财务管理、家长与社区联系等制度的建立与实施，年度工作计划制定与定期报告，托育机构质量评估制度的建立与落实。
		保育活动组织	入托、晨检、饮食、饮水、如厕、盥洗、睡眠、游戏、离托等一日生活安排与指导，动作、语言、认知、情感与社会性等保育活动组织与指导，环境创设，照护服务日常记录和反馈，保育人员工作的检查和评估。
		应急管理训练	婴幼儿常见伤害急救基本技能，防范、避险、逃生、自救的基本方法，消防、安全保卫等演练，突发意外伤害的处理程序，安全突发事件应急处理程序。

5. 培训原则

《托育机构负责人培训大纲（试行）》强调在培训中应遵循三大原则。

第一，岗位胜任原则。培训应以托育机构负责人岗位要求为重点，通过系统培训引导与自主学习反思相结合的方式，促进托育机构负责人明晰岗位工作任务，具备胜任岗位职责的基本知识与能力。

第二，需求导向原则。培训应以托育机构负责人在管理工作中的重点与难点为出发点，综合考虑岗位需求和发展需要，按需施教，优化培训内容，确保托育机构负责

💡 想一想

作为一个托育机构的负责人，除了遵循国家托育政策、法律法规外，还需具备哪些能力呢？

人学以致用、用以促学、学用相长。

第三，多元方式原则。培训可通过专题讲座、网络研修、研讨交流、案例分析、返岗实践等多元方式，借助互联网等手段，推动托育机构负责人理论学习和现场观摩相结合、线上学习与线下研修相结合，提高培训的便捷性、有效性。

6. 培训考核

托育机构负责人在完成规定的培训内容学习后，接受培训考核。培训考核内容分为理论考核和实践技能考核两部分，各级卫生健康部门负责对培训效果进行抽查。

三、政策解读

《托育机构负责人培训大纲（试行）》坚持以习近平新时代中国特色社会主义思想为指导，全面贯彻落实国务院关于促进3岁以下婴幼儿照护服务发展的相关文件精神，按照"岗位胜任""需求导向""多元方式"的原则，端正托育机构负责人的办托思想，规范办托行为，提升实践管理能力，进而全面提高托育机构的管理服务水平，助力托育机构的高质量发展。《托育机构负责人培训大纲（试行）》呈现出以下特点。

（一）培训分层分类，任务目标明确

托育机构负责人和保育人员在工作岗位上面临的问题不同，培训需求也就不同，这份文件精准指明了培训对象。"端正办托思想""规范办托行为""提升管理能力"的培训目标强调托育机构负责人办托思想的指导性和办托行为的规范性，具体的培训内容也为负责人提供了清晰适应的管理行动方向，从而增强了托育机构负责人培训的目的性和针对性。

🔍 拓展阅读

上海市《关于促进和加强本市3岁以下幼儿托育服务工作的指导意见》

2018年4月，上海市人民政府印发《关于促进和加强本市3岁以下幼儿托育服务工作的指导意见》。其中指出，托育机构负责人应具有政治权利和完全民事行为能力，品行良好，身心健康，富有爱心，热爱保育工作，且须具有6年以上学前教育管理经历；托育机构应配备育婴员、保健员、保育员、营养员、财会人员、保安员等从业人员。

若想了解全文，可以扫描二维码阅读。

文市资源

《关于促进和加强本市3岁以下幼儿托育服务工作的指导意见》

（二）管理需求导向，理论实践并重

托育机构负责人对外需执行国家托育服务事业发展的规划要求，对内要统领托育机构的发展，肩负托育人员队伍发展和婴幼儿健康成长的职责。为此，托育机构负责人不仅需要了解国家和地方相应的托育政策法规，具备基本的职业道德，更需要在"懂专业"的基础上开展指导，即具备托育机构负责人必备的基本托育知识和能力，能够科学组织与管理托育机构。为此，《托育机构负责人培训大纲（试行）》精心设计了包括"理论

培训"和"实践培训"2个维度、"法律法规和政策文件""职业道德""专业理念""规范发展""卫生保健知识""安全防护""保育管理""人员队伍管理""外部关系""机构规范设置""日常管理制度""保育活动组织""应急管理训练"13个专题的培训内容。培训内容基于托育机构负责人的理论和实践管理需求，具有较强的针对性。同时，《托育机构负责人培训大纲(试行)》也对负责人的"理论培训"和"实践培训"进行了具体的学时要求，理论培训不少于40学时，实践培训不少于20学时，保障了管理理论和实践的学习时间，增强了托育机构负责人培训的实效性。《托育机构负责人培训大纲(试行)》以托育机构负责人的岗位需求为重点，以负责人管理工作中的重点和难点为出发点，兼顾管理理论与实践学习，增强了托育机构负责人培训的针对性和科学性。

(三)多元培训方式，强化考核评价

托育机构负责人培训类型和形式多样。《托育机构负责人培训大纲(试行)》强调线下培训要求做到理论学习与现场观摩相结合、专题讲座与研讨交流相结合，并采取案例分析、返岗实践等方式。线上培训依托信息化科技和互联网技术，为托育机构负责人提供个性化、没有时间与地域限制的网络学习机会，主要包括网络研修等方式。"听、看、学、做、研"的多层次互动培训模式保障了培训的全面性和多层次性。科学合理的培训评价方式与手段是检验培训效果的关键。《托育机构负责人培训大纲(试行)》强调采取理论考试与实践技能考核相结合的方式进行考核，提升了培训的实效性。

从对《托育机构负责人培训大纲(试行)》的解读中，我们发现其聚焦培训方式、培训目标、培训内容、培训原则和培训考核，强调组织托育机构负责人培训的重要性和培训主题的针对性，但关于承训单位的管理、培训环节的管理仍缺乏较为具体的说明。因此，各地方在开展托育机构负责人具体培训工作时，要结合本地具体情况，充分发挥教育资源优势，充分挖掘本地托育机构负责人的个性化需求，科学安排培训环节，保证培训的实效性。

综上可知，《托育机构负责人培训大纲(试行)》虽为大纲，但实质是托育机构负责人的适任标准。它对我国托育机构负责人的适任标准进行了统一，促使托育机构负责人由"担任"向"胜任"转变，推动了托育机构负责人培训工作，确保托育机构负责人所学即所需、所学即所用，具备胜任岗位职责的基本知识与能力，进而促进我国托育机构负责人教育的健康可持续发展。

> **学习笔记**

> **☀ 小提示**
> 按照《托育机构负责人培训大纲(试行)》的基本要求，我们在日常的学习中也可以采取线上与线下相结合的方式，注重理论知识学习与实践技能训练。

学习效果检测

一、判断题

1. 各级卫生健康部门应将托育机构负责人作为急需紧缺人员纳入培训规划。( )

2. 托育机构负责人培训内容包括安全防护、保育管理、清洁照护。( )

3. 托育机构负责人培训总时间不少于60学时，其中理论培训不少于40学时，实践培训不少于20学时。( )

4. 托育机构负责人培训考核内容分为理论考核和实践技能考核两部分。( )

5. 规划托育机构发展属于托育机构负责人的培训目标。( )

文本资源

参考答案

二、简答题

1. 简述《托育机构负责人培训大纲(试行)》中指出的培训原则。

2. 简述《托育机构负责人培训大纲(试行)》中指出的理论培训的具体内容。

3. 简述《托育机构负责人培训大纲(试行)》中指出的实践培训的具体内容。

4. 简述《托育机构负责人培训大纲(试行)》中指出的培训目标。

三、材料分析题

依据《托育机构负责人培训大纲(试行)》的具体内容，分析表 5-3 中托育机构负责人培训班课程的适宜性。

表 5-3　托育机构负责人培训班课程计划

时 间		课程计划
8 月 25 日	9:10—10:30	如何做一名合格的托育机构负责人
	10:40—12:00	如何落实托育机构健康管理制度，推动"医育融合"创新发展
	13:30—14:30	《××省托育机构设置标准细则(试行)》《××省托育机构管理规范细则(试行)》《××市托育机构备案办事指南(试行)》
	14:30—16:00	《托育机构婴幼儿伤害预防指南(试行)》《托育机构消防安全指南(试行)》《××市托育机构质量评价标准(2022 年版)》、托育服务管理信息化系统
8 月 26 日至 9 月 14 日	自行复习	
9 月 15 日	10:00—11:00	在线考试

实操巩固

实训内容	为某托育机构编写一份全日托育服务协议。
人员构成	小组(3～5 人)。
呈现方式	成果：Word 在线文档 1 份。
注意事项	小组内部要分工明确，并在成果中注明； 协议排版应具有美观性、规范性； 协议内容应符合法规要求，具有落地实操性； 注重甲乙双方的利益。

学习任务 2
《托育机构保育人员培训大纲(试行)》

学习任务单

学习目标	①了解《托育机构保育人员培训大纲(试行)》的出台背景及意义; ②掌握《托育机构保育人员培训大纲(试行)》的基本内容; ③依据《托育机构保育人员培训大纲(试行)》的有关要求,提高对托育机构保育人员培训的重视程度。	
学习要点	①了解《托育机构保育人员培训大纲(试行)》的基本内容; ②掌握《托育机构保育人员培训大纲(试行)》的基本要求。	
学习建议	学习前	查阅当前托育机构保育人员培训的相关要求。
	学习中	完成本任务的学习,讨论《托育机构保育人员培训大纲(试行)》的主要内容。
	学习后	查阅、了解本地区托育机构保育人员培训的基本情况,依据《托育机构保育人员培训大纲(试行)》的有关要求,指明应从哪些方面提高培训的专业性。
学习运用	你觉得在哪些工作场景中可以运用到所学内容?(由学生填写)	
学习反思	请记录你在学习过程中的相关思考。(由学生填写)	

📚 聚焦政策

在一次课堂讨论中，同学们围绕着"托育机构保育人员职后应加强哪些内容的教育培训?"这个问题展开了激烈的讨论。

有的同学说："一日生活的安排和活动的组织很重要，职后培训应提高保育人员这方面的能力。"

有的同学说："有准备的环境很重要，职后培训应涵盖环境创设的相关内容。"

有的同学说："较好的语言表达能力很重要，可以将提升语言表达能力纳入职后培训。"

有的同学说："因材施教的能力很重要，职后可开展与促进婴幼儿发展相关的培训。"

还有的同学说："托育机构应多组织加强师德师风的培训。"

那么，托育机构保育人员职后培训到底应该聚焦哪些方面呢?接下来将通过对《托育机构保育人员培训大纲(试行)》的解读来回答这一问题。

一、出台背景及意义

(一)促进早教人员专业发展是世界学前教育发展的趋势

幼有所育，师是关键。早教人员队伍专业水平和素养深刻反映了早期教育和保育的质量。托育机构保育人员是为 3 岁以下婴幼儿提供生活照护和养育，为家长提供科学育儿指导的专职工作者，是提高早期教育质量的关键。20 世纪 80 年代后，早教人员队伍专业化受到国际社会的普遍关注。经济合作与发展组织(Organization for Economic Co-operation and Development，OECD)发布的学前教育政策总结报告《强壮开端Ⅱ：早期儿童教育和保育》(Starting Strong Ⅱ：Early Childhood Education and Care)从国际社会、经济的发展现状出发，提出要为早教人员提供专业化的培训，并提高工作报酬和改善工作环境，打造一支专业化和多元化的早教人员队伍。在这种国际背景下，世界各国都把促进保育人员的专业发展作为提升学前教育质量的重要策略之一。为了最大限度地促进儿童早期发展和学习，促进早期教育保育人员的专业化发展成为关键。

(二)托育机构人员队伍的专业水平和质量亟待提高

长期以来，由于我国政府对发展儿童早期教育和保育的服务重视程度不够，社会对儿童早期教育和保育人员的关注也不够。早期教育师资队伍整体水平不高，体现在从业人员准入门槛低、无证上岗现象比较严重、专业化水平不高等方面。同时，入职后培训比较滞后，尚未形成系统专业的培训体系，通过职业培训获取从业资格证书的通道不顺。托育机构人员的专业化水平成为当前制约我国婴幼儿托育有质量、可持续发展的瓶颈。国家卫生健康委员会制定的《托育机构设置标准(试行)》《托育机构管理规范(试行)》中针对托育机构保育人员的岗位要求、任职资格、健康状况等提出了基本的硬件要求。比如，《托育机构设置标准(试行)》强调"保育人员应当有婴幼儿照护经验或相关专业背景，受过婴幼儿保育相关培训和心理健康知识培训"。但对当前托育机构保育人员应具备的专业资质和素养尚未有明确的要求，一定程度影响了托育机构保育人员队伍的专业化和高质量建设。

（三）《指导意见》中明确提出加强托育服务人才队伍建设

2019 年，《指导意见》明确以"多种形式开展婴幼儿照护服务，逐步满足人民群众对婴幼儿照护服务的需求"，强调"建设一支品德高尚、富有爱心、敬业奉献、素质优良的婴幼儿照护服务队伍"。2020 年，《人力资源社会保障部　民政部　财政部　商务部　全国妇联关于实施康养职业技能培训计划的通知》发布，提出了对婴幼儿照护服务从业人员的培训要求和目标，各地要将育婴员等作为急需紧缺职业，纳入本地职业技能提升行动"两目录一系统"，按规定落实好职业技能培训补贴等政策。托育机构保育人员是以 3 岁以下婴幼儿为对象的，其服务质量直接关系到婴幼儿的健康发展。因此，应注重托育机构保育人员的职后培养，以《托育机构保育指导大纲（试行）》《保育师国家职业技能标准》等国家层面的政策文件为依托，开展职业技能培训，促进托育事业服务人员的高质量发展。

在此背景下，为切实解决托育机构托育人员队伍的痛点及难点问题，深入贯彻《指导意见》，国家卫生健康委员会办公厅于 2021 年 8 月正式印发了《托育机构保育人员培训大纲（试行）》。从此，《托育机构保育人员培训大纲（试行）》成为促进托育服务人才健康发展的重要专业培训大纲，将进一步推动托育从业人员的在职培训工作，进而逐步实现全员轮训，推动托育机构保育人员队伍向着专业化、规范化的方向发展。

二、政策要点

（一）基本结构

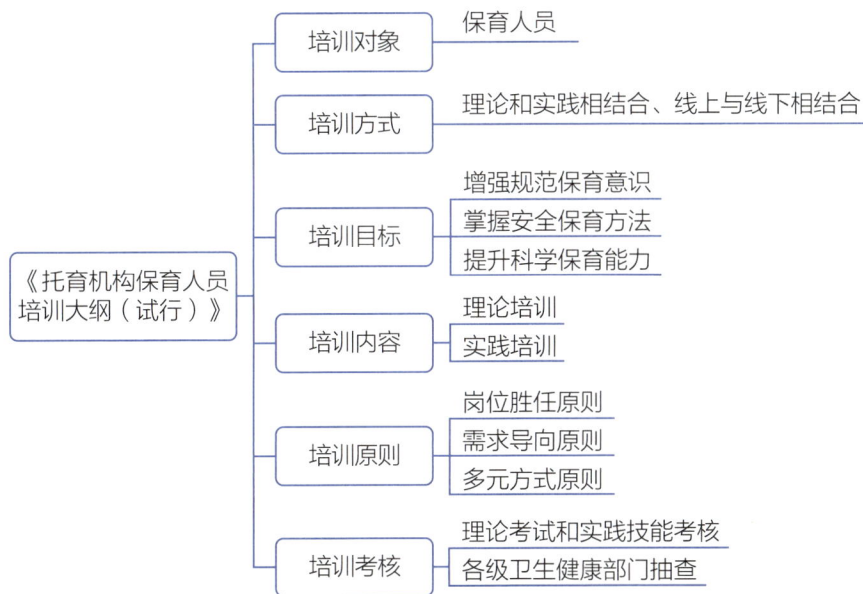

文本资源

《托育机构保育人员培训大纲（试行）》

（二）主要内容

1. 培训对象

拟从事或正在从事托育机构保育工作的保育人员。

2. 培训方式

采用理论和实践相结合、线上与线下相结合的方式。培训总时间不少于 120 学时，其中理论培训不少于 60 学时，实践培训不少于 60 学时。

3. 培训目标

通过培训，保育人员应达到三大目标：一是熟悉托育服务法规与政策，树立法治意识与规范保育思想；二是学习保育工作的基本技能与方法，强化安全保育意识；三是掌握婴幼儿早期发展与回应性照护的知识与策略，提升科学保育素养。具体内容详见表 5-4。

表 5-4　托育机构保育人员培训目标及基本要求

人员类别	培训目标	基本要求
托育机构 保育人员	增强规范保育意识	1. 熟悉托育服务相关政策法规，遵守保育人员岗位职责和基本规范。
		2. 具备良好的职业道德和专业认同感；树立正确的保育观念，坚持儿童优先，保障儿童权利。
	掌握安全保育方法	1. 切实做好安全防护工作，最大限度地保护婴幼儿的安全和健康。
		2. 掌握婴幼儿卫生保健、生活照料等保育工作的基本方法和操作规范。
	提升科学保育能力	1. 合理安排婴幼儿的生活和活动，具备促进婴幼儿早期发展的能力，满足婴幼儿身体发育和心理发展的需要。
		2. 掌握与家庭及社区沟通合作的技巧，提供科学育儿指导，及时进行专业反思。

4. 培训内容

具体培训内容见表 5-5。

表 5-5　托育机构保育人员培训科目及主要内容

培训人员	类别	培训科目	主要内容
托育机构 保育人员	理论 培训	法律法规和政策文件	《中华人民共和国未成年人保护法》《中华人民共和国母婴保健法》《中华人民共和国母婴保健法实施办法》《托儿所幼儿园卫生保健管理办法》等相关法律法规，《指导意见》《托育机构设置标准（试行）》《托育机构管理规范（试行）》《托育机构保育指导大纲（试行）》《托育机构婴幼儿伤害预防指南（试行）》《婴幼儿喂养健康教育核心信息》等相关政策文件。
		职业道德	职业规范，职业责任，儿童权利保护，专业认同，人文素养，心理健康等。
		专业理念	儿童观，保育观，医育结合理念等。
		卫生保健知识	卫生与消毒，物品管理，生长发育监测，体格锻炼，心理行为保健，婴幼儿常见病预防与管理，传染病预防与控制，健康信息收集。
		安全防护	食品安全知识，环境与设施设备防护安全，婴幼儿常见伤害预防与急救，意外事故报告原则与流程等。
		生活照料	各月龄营养与喂养要点，进餐照护，饮水照护，睡眠照护，生活卫生习惯培养，出行照护等。
		早期发展支持	婴幼儿生理、心理发展知识，婴幼儿个体差异与支持，特殊需要婴幼儿识别与指导，活动设计与组织等。
		沟通与反思	日常记录与反馈，与家庭、社区沟通合作，家庭、社区科学养育指导，保育实践反思等。
	实践 培训	卫生消毒	活动室、卧室等室内外环境卫生清扫、检查和预防性消毒，抹布、拖布等卫生洁具的清洗与存放，床上用品、玩具、图书、餐桌、水杯、餐巾等日常物品的清洁与预防性消毒。
		健康管理	晨午检及全日健康观察，运动和体格锻炼，健康行为养成，计划免疫宣传与组织等。

续表

培训人员	类别	培训科目	主要内容
托育机构保育人员	实践培训	疾病防控	发热、呕吐、腹泻、惊厥、上呼吸道感染等常见疾病的识别、预防与护理，手足口、疱疹性咽炎、水痘、流感等婴幼儿常见传染病的识别、报告与隔离，贫血、营养不良、肥胖等营养性疾病、先心病、哮喘、癫痫等疾病婴幼儿的登记和保育护理。
		安全防护	窒息、跌倒伤、烧烫伤、溺水、中毒、异物伤害、动物致伤、道路交通伤害等常见伤害急救技能，地震等重大自然灾害的逃生流程与演练，火灾、踩踏、暴力袭击等突发事件的预防与应急处理。
		饮食照护	膳食搭配，辅食添加，喂养方法，进餐环境创设，进餐看护与问题识别，独立进餐、专注进食、不挑食等饮食习惯培养，辅助婴幼儿水杯饮水等。
		睡眠照护	睡眠环境创设，困倦信号识别，睡眠全过程观察、记录与照护；规律就寝、独立入睡等睡眠习惯培养，睡眠问题的识别与应对，婴幼儿睡眠的个别化照护等。
		清洁照护	刷牙、洗手、洗脸、漱口和擦鼻涕等盥洗的方法，便器的使用方法，尿布/纸尿裤/污染衣物的更换，便后清洁的方法，如厕习惯培养，婴幼儿大、小便异常的处理等。
		活动组织与支持	一日生活和活动的安排，生活和活动环境的创设与利用，活动材料的配备，动作、语言、认知、情感与社会性等活动的组织与实施，游戏活动的支持与引导，婴幼儿行为观察与分析，婴幼儿需求的识别与回应等。

5. 培训原则和培训考核

与《托育机构负责人培训大纲(试行)》中指出的一样，在托育机构保育人员的培训中，同样要遵循三大原则：岗位胜任原则、需求导向原则、多元方式原则。培训结束后，同样会采取理论考试和实践技能考核来检验培训效果。

> **政策支持**
>
> 《托育机构负责人培训大纲(试行)》指出："采用理论和实践相结合、线上与线下相结合的方式。培训总时间不少于 120 学时，其中理论培训不少于 60 学时，实践培训不少于 60 学时。"
>
> 我们可以按照上述要求，采取线上、线下相结合的方式，把握好理论学习与实践操作两部分的内容。

> **连线职场**
>
> 作为一名培训方案制订者，我应该怎样进行培训设计呢？

三、政策解读

《托育机构保育人员培训大纲(试行)》是国家层面对"保育人员"进行的统一的培训规划，遵循"岗位胜任""需求导向""方式多元"的原则，强化统筹规划，建设培训资源，加强培训监督，提高照护技能，旨在全面提高托育机构保育人员的服务水平，切实加强保育人员队伍建设。《托育机构保育人员培训大纲(试行)》政策文本呈现出以下特点。

(一)立足专业规范，强调培训目标

《指导意见》指出，要加强婴幼儿照护相关人员队伍建设。政策的推动，使婴幼儿照护相关专业人才的业

务素质不断提升。但当前婴幼儿照护相关专业人才培训缺乏顶层设计，目标欠精准，培训缺乏层次性、系统性，不能满足不同类型托育机构从业人员培训的需求。《托育机构保育人员培训大纲(试行)》为满足托育机构保育人员的专业素养和综合能力提升的实际需求，推进培训工作的专业化和标准化，切实提高培训质量，面向拟从事或正在从事托育机构保育工作的保育人员提出了"通过培训，使参训保育人员熟悉托育服务法规与政策，树立法治意识与规范保育思想；学习保育工作的基本技能与方法，强化安全保育意识；掌握婴幼儿早期发展与回应性照护的知识与策略，提升科学保育素养"的总培训目标及具体细化目标，大大增强了托育机构保育人员培训的系统性、目的性。

(二)依托职业理念，设计培训内容

培训内容是实现培训目标的重要载体，它既要充分反映《保育师国家职业技能标准》《托育机构保育指导大纲(试行)》等文件中对托育机构保育人员专业水平的要求，也要体现《托育机构保育人员培训大纲(试行)》培训目标达成的要求。"精准施训"的前提是厘清施训对象。《托育机构保育人员培训大纲(试行)》在培训内容方面，基于托育机构保育人员职业的特殊性，突出"保""育"兼顾的职业理念。具体包括"理论培训"和"实践培训"2个维度、"法律法规和政策文件""职业道德""专业理念""卫生保健知识""安全防护""生活照料""早期发展支持""沟通与反思""卫生消毒""健康管理""疾病防控""安全防护""饮食照护""睡眠照护""清洁照护""活动组织与支持"16个专题，并且提供了培训专题的具体内容，体现了培训大纲内容的丰富性和针对性。从16个专题中，我们可以看到托育机构保育人员"医养护教""医育结合"的教养理念，强调保育人员在为需要照护的婴幼儿提供基本生活照料服务的基础上，为其提供卫生健康方面的服务。此外，《托育机构保育人员培训大纲(试行)》强调因地制宜，按需施教，确保保育人员所学即所需、所学即所用，学用相长，这为培训机构的课程设计、课程资源开发提供了较大的自主选择空间，有利于托育机构保育人员职后学习与发展的可持续。比如，连云港市依据《托育机构保育人员培训大纲(试行)》的规定，制定了《连云港市托育机构负责人和保育人员培训工作方案》，提出"要研究拟定属地培训工作计划和方案，分批次开展培训工作，确保2025年底所有托育机构负责人及保育工作人员全部持证上岗"。

(三)采用多种培训方式，增强培训效果

要确保托育机构培训人员培训的时效性和有效性，除了恰当的培训内容的选择以外，培训方式也非常重要。《托育机构保育人员培训大纲(试行)》提出了理论学习与实践观摩相结合、线下研修与线上学习相结合的方式，实现培训引导与自主学习反思相结合，进而使得保育人员明晰岗位工作任务，具备胜任岗位职责的基本知识与能力。采取参与式、互动式培训，主要有专题讲座、网络研修、研讨交流、案例分析、返岗实践等多元方式。为了检验培训效果，不断改进培训模式，必须建立科学合理的培训评价方式。由于成年学习者丰富的学习经验和复杂的心理特征，培训效果的实效性需要通过考核进行保障。《托育机构保育人员培训大纲(试行)》提倡采取理论考核与实践考核相结合的方式，强调对考核加强监管，建立定期评估机制。

同《托育机构负责人培训大纲(试行)》定位一致，《托育机构保育人员培训大纲(试行)》实质也是托育机构保育人员的适任标准。它对我国托育机构保育人员的适任标准进行了统一，促使托育机构保育人员培训由"应试"向"应用"转变。为此，各地区在开

想一想
如果你是一家营利性托育机构负责人，你将怎样制订面向本机构保育人员的为期一年的培训计划？都有哪些注意事项呢？

展托育机构保育人员培训工作的时候，要注重利于本地的具体现状和实际开展，做好"精准施训"。《托育机构保育人员培训大纲（试行）》的颁布将推动托育从业人员在职培训质量的提高，进而进一步规范托育机构保育人员的工作内容和工作方法，使婴幼儿的生活照护和养育工作更加科学化、规范化、精细化，实现我国托育机构的健康可持续发展。

学习效果检测

一、判断题

1. 各级卫生健康部门应将托育机构保育人员作为急需紧缺人员纳入培训规划。（　　）

2. 托育机构保育人员培训主要采用理论和实践、线上与线下相结合的方式。（　　）

3. 托育机构保育人员培训总时间不少于 80 学时，其中理论培训不少于 40 学时，实践培训不少于 40 学时。（　　）

4. 托育机构保育人员培训考核内容分为理论考试和实践技能考核两部分。（　　）

5. 托育机构保育人员理论培训包括对相关法律法规和政策文件的学习。（　　）

二、简答题

1. 简述《托育机构保育人员培训大纲》出台的意义。

2. 简述《托育机构保育人员培训大纲》中指出的培训原则。

3. 简述《托育机构保育人员培训大纲》中指出的实践培训的具体内容。

4. 简述《托育机构负责人培训大纲》中指出的培训考核形式和内容。

实操巩固

实训内容	为托育机构保育人员设计一份为期一学年的培训计划。
人员构成	小组（3～5人）。
呈现方式	成果：Word 在线文档 1 份。 展示：汇报多媒体课件 1 份。
注意事项	小组内部要分工明确，并在成果中注明； 培训计划要具有可操作性，忌笼统空谈，要能够真正提高师资水平。

学习任务 3
《保育师国家职业技能标准》

学习任务单

学习目标	①了解《保育师国家职业技能标准》的出台背景； ②掌握保育师的职业概况、对保育师的基本要求、对各等级保育师的工作要求等； ③在婴幼儿照护服务实践中，能够恰当运用《保育师职业技能标准》指导自己的实际工作，提升托育服务的质量。	
学习要点	①了解《保育师国家职业技能标准》的出台背景； ②掌握保育师的职业概况、对保育师的基本要求、对各等级保育师的工作要求等。	
学习建议	学习前	查阅当今对保育师的相关要求。
	学习中	完成本任务的学习，讨论《保育师国家职业技能标准》的主要内容。
	学习后	查阅、了解本地区在保育师职业技能鉴定方面的要求； 依据《保育师国家职业技能标准》的有关要求，努力践行婴幼儿照护服务的工作规范。
学习运用	你觉得在哪些工作场景中可以运用到所学内容？（由学生填写）	
学习反思	请记录你在学习过程中的相关思考。（由学生填写）	

📚 聚焦政策

保育师是适应我国社会发展需要应运而生的一种新职业。2021年5月，《人力资源社会保障部关于〈保育师国家职业技能标准(征求意见稿)〉等5个职业技能标准公开征求意见的通知》发布；同年12月，《保育师国家职业技能标准》颁布，就托育行业专职人员——保育师的职业技能标准和鉴定提出了详细的指导意见。

一、出台背景及意义

(一)出台背景

1. 托育服务专业人员成为紧缺人才

党的十九大以来，为解决"幼有所育""入托难"的问题，国家陆续出台了多项政策，助力0～3岁婴幼儿托育服务的发展。然而，与托育机构数量不断增加，所占市场份额越来越大的情况相矛盾的是，保育师的缺口巨大，托育事业的发展急需专业的从业人员。托育服务是关系到人类福祉的重要工作，专业人才是托育服务增量提质的第一资源，专业化人才匮乏已成为制约婴幼儿托育行业发展的瓶颈。

目前，对托育行业大部分员工的培养是在职后进行的。在社会招聘后，托育机构对从业者进行短期的集中封闭式培训，从业者完成3～6个月的跟岗实习，之后便可正式上岗。在职前培养上，由于托育相关专业开设起步晚、发展滞后，通过职前培养的托育行业人才严重不足。2019年9月，《教育部办公厅等七部门关于教育支持社会服务业发展 提高紧缺人才培养培训质量的意见》指出，"原则上每个省份至少有1所本科高校开设家政服务、养老服务、托育服务相关专业"。在此背景下，我国多所高校开设托育相关专业，力图通过人才培养，增加0～3岁婴幼儿保育和教育人才的市场供给，解决当下托育服务市场专业人员不足的现实问题。

2. 托育服务的高质量发展需要专业的职业规范

保育师证书是进入托育服务行业的通行证。托育服务面对的是0～3岁的婴幼儿，他们缺乏生活自理能力，需要教师更敏锐的观察与更细心的照料，因此对托育服务人员有更严格的要求。国家鼓励托育服务既要高质量发展和多元化发展，也要规范发展。当前，托育机构的数量增多，公立的托育机构数量少，私立的托育机构偏多，从业人员流动性大，从业人员的专业性有待规范，亟须一个规范性的职业技能标准。

(二)出台的意义

1. 明确保育师的职责，规范从业人员的职业素养

"托育不专业"，如托育机构行业准入门槛低、师资专业性不强、服务观念落后等基本质量问题，阻碍了托育机构精细化、专业化发展。要落实好战略，必须培养专业托育人才，增强社会对托育行业的认可。《保育师国家职业技能标准》从专业的角度规范了对职业的技能要求，限制了保育师职业的入门门槛，使从业人员有了自己的"身份"，明确了自身的职责，从而规范了从业人员的素养。

2. 为培养专业的托育服务人才提供依据

《保育师国家职业技能标准》为加强高职高专和中职院校专业设置和人才培养模式改革，支持托育相关专业课程体系建设，摸索托育机构与政府、社区及家庭的合作，进一步规范托育机构的服务体系和服务流程提供了依据，能够为相关职业院校规范课程设置与考核标准。《保育师国家职业技能标准》对保育师的职业能力提出了专业的标准，为托育相关专业的人才培养提供了具体、科学、可行的依据。在专业课程体系构建上，更加突出托育服务人才在教育理念与师德规范、婴幼儿身心发展规律、卫生保健等方面的知识，以及开展生活照护与喂养、安全看护与伤害预防处理、家庭养育指导等促进婴幼儿早期发展与学习的岗位能力。比如，

同时，能够推进托育服务规范化、专业化发展，在助力"幼有所育"战略目标的实现上，可以发挥其独特的作用和优势。

3. 推动托育行业健康有序发展

随着人民生活水平的不断提升和婴幼儿托育服务内涵的不断拓展，人们迫切需要专业化、个性化、多元化的托育服务。托育服务的专业人才是实现多元普惠托育服务的关键。保育师专业人才的增加和发展，能够有效促进托育服务的专业化、个性化、多元化。此外，《保育师国家职业技能标准》还有助于第三方发挥客观公正的角色优势，开展婴幼儿托育行业评价标准构建探索，引领行业规范化建设，推进行业健康有序发展。

4. 满足家长对高质量托育师资的需求

《保育师国家职业技能标准》是贯彻《指导意见》，响应广大人民群众对高质量0～3岁婴幼儿托育服务的迫切需要，针对本行业的专业人才，从理论和实操技能两方面出发制定的，对从业人员有严格的培训和准入要求，能大力推动高质量托育服务的发展。

> **💬 资讯链接**
>
> **市场对保育师的需求有多强？**
>
> 《2021年第三季度全国招聘大于求职"最缺工"的100个职业排行》中，与托育和幼教相关的四个岗位"幼儿教育教师""育婴员""婴幼儿发展引导员""保育师"上榜。"保育师"作为新职业，首次上榜就居于第46位，人才可谓供不应求，亦可见市场对专业的保育师存在着迫切的需求。

二、政策要点

（一）基本结构

文本资源
《保育师国家职业技能标准》

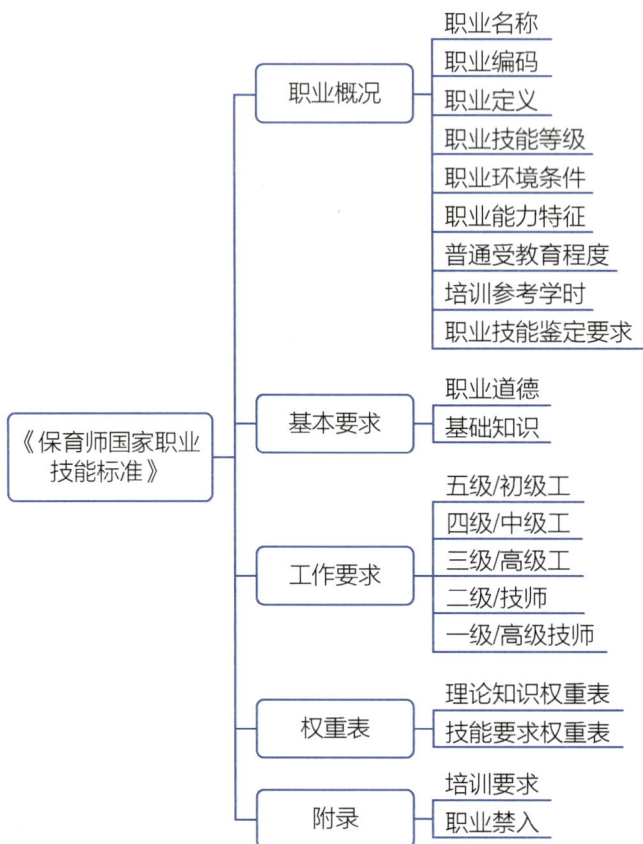

（二）主要内容

1. 职业概况

《保育师国家职业技能标准》(以下简称《技能标准》)对保育师的职业概况进行了详细的阐述。首先，明确保育师是指在托育机构及其他保育场所中，从事婴幼儿生活照料、安全看护、营养喂养和早期发展工作的人员。他们应具备四点职业能力特征：身心健康，人格健全；热爱婴幼儿，认真负责；亲切和蔼，善于沟通；观察敏锐，身体灵活。

其次，在职业技能等级划分上，共设五级/初级工、四级/中级工、三级/高级工、二级/技师、一级/高级技师五个技能等级，并以此制定了五级/初级工不少于160标准学时，四级/中级工不少于120标准学时，三级/高级工不少于80标准学时，二级/技师不少于80标准学时，一级/高级技师不少于60标准学时的培训参考学时。

最后，在职业技能鉴定要求上，对申报各等级保育师的条件、鉴定方式、鉴定时间都做了详细的规定。比如，在鉴定方式上，分为理论知识考试、技能考核以及综合评审，均实行百分制，成绩皆达60分(含)以上者为合格。其中，理论知识考试以笔试、机考等方式为主，主要考核从业人员从事本职业应掌握的基本要求和相关知识要求；技能考核主要采用模拟操作等方式进行，主要考核从业人员从事本职业应具备的技能水平；综合评审主要针对技师和高级技师，通常采取审阅申报材料、答辩等方式进行全面评议和审查，要求时间不少于30分钟。

2. 基本要求

《技能标准》从职业道德和基础知识两方面对保育师提出了要求。在职业道德上，保育师要具备职业道德基本知识，同时需要牢记四点职业守则：品德高尚，富有爱心；敬业奉献，素质优良；尊重差异，积极回应；安全健康，科学规范。在基础知识上，保育师应具备婴幼儿生理和心理知识，营养、喂养知识，安全照护知识，常见病和传染病知识，相关环境知识，相关法律、法规知识。

3. 工作要求

对五级/初级工、四级/中级工、三级/高级工、二级/技师、一级/高级技师的技能要求和相关知识要求依次递进，高级别要求涵盖低级别要求。从环境创设、生活照料、安全健康管理、早期学习支持、合作共育五个维度，对工作内容、技能要求、相关知识要求进行了详细界定。

4. 权重表

对不同技能等级的保育师，权重表在理论知识(基本要求、相关知识要求)和技能要求上给出了不同的侧重。(表5-6、表5-7)

表 5-6　理论知识权重表

单位:%

项目		五级/ 初级工	四级/ 中级工	三级/ 高级工	二级/ 技师	一级/ 高级技师
基本 要求	职业道德	5	5	5	5	5
	基础知识	20	15	10	5	5
相关 知识 要求	环境创设	10	10	15	15	15
	生活照料	25	20	15	15	10
	安全健康管理	25	25	25	20	20
	早期学习支持	10	15	20	25	25
	合作共育	5	10	—	—	—
	培训与指导	—	—	10	15	20

表 5-7　技能要求权重表

单位:%

项目		五级/ 初级工	四级/ 中级工	三级/ 高级工	二级/ 技师	一级/ 高级技师
技能 要求	环境创设	10	15	20	20	20
	生活照料	35	30	20	15	10
	安全健康管理	30	25	20	20	20
	早期学习支持	20	25	30	30	30
	合作共育	5	5	—	—	—
	培训与指导	—	—	10	15	20

5. 附录

这一部分列出了培训要求和职业禁入方面的内容。第一，严格把控培训教师的培训资格。培训教师应具备本职业三级/高级工职业资格证书3年及以上，或中级及以上本专业或相关专业技术职务任职资格。第二，具备良好的培训场地设备。理论知识培训场地应具有可容纳40名以上学员的标准教室，并配备投影仪和音、视频播放设备。技能操作培训场所应满足模拟操作的要求，具有必要的婴幼儿喂养用品，烹饪器具，流动水源，日常保健用品，婴幼儿睡眠、就餐、活动等用品或图书玩具等。室内卫生通风条件良好，光线充足，设施安全。第三，实行职业禁入。保育师应严格遵守国家相关法律法规和职业伦理道德规范要求，无犯罪记录或者社会不良记录。

三、政策解读

（一）明确了保育师的职业定位

与2019年的《保育员国家职业技能标准》相比，2021年的《技能标准》将"保育员"职业名称变更为"保育师"。从职业定义上看，"保育员"是指在托幼园所、社会福利及其他保育机构中，从事儿童基本生活照料、保健、自理能力培养和辅助教育工作的人员；"保育师"是指在托育机构及其他保育场所中，从事婴幼儿生活照料、安全看护、营养喂养和早期发展工作的人员。保育师将托育机构放在主要位置，强调托育机构是其第一工作场所。其身份定位也由原来的辅助教育的配角角色转变为支持儿童早期发展的第一主角。这和《托育机构保育指导大纲(试行)》指出的"托育机构保育人员是保育工作的主要实施者""负责婴幼儿日常生活照料和活动组织"是一致的。此外，其工作内容中的"安全看护"与《托育机构婴幼儿伤害预防指南(试行)》、"营养喂养"与《托育机构婴幼儿喂养与营养指南(试行)》、"生活照料""早期发展"与《托育机构保育指导大纲(试行)》也是一致的。

2018年，世界卫生组织、联合国儿童基金会等国际组织联合发布了《养育照护促进儿童早期发展——助力儿童生存发展，改善健康，发掘潜能的指引框架》，明确了以健康、营养、安全、回应性照护和早期学习机会为核心内容的养育照护策略。保育师是为托育从业人员量身定做的职业。按照国家标准的要求，保育师经过专业、统一、严格的培训，具备一定的专业经验，不仅可以完成日常的看护工作，而且还可以依据科学的教育及保育理念，针对个体差异进行个性化早教，满足社会发展新形势下的托育市场需求。

(二)以德为先，知识与技能并重

根据《技能标准》，保育师是具备理论知识(职业道德、基础知识、环境创设、生活照料、安全健康管理、早期学习支持、合作共育、培训与指导)，掌握专业技能(环境创设、生活照料、安全健康管理、早期学习支持、合作共育、培训与指导)的专业人才。对保育师的鉴定方式分为理论知识考试、技能考核以及综合评审。其中，理论知识考试以笔试、机考等方式为主，技能考核主要采用模拟操作等方式进行。双管齐下，对保育师进行综合的考核，能够显著提高保育师的综合素质。

(三)经验为重，按照从业年限进阶

《技能标准》十分注重保育师的职业经验。比如，在"申报条件"中，申报五级/初级工的条件之一是，"累计从事本职业或相关职业工作1年(含)以上"；若想申报四级/中级工，需具备"取得本职业或相关职业五级/初级工职业资格证书(技能等级证书)后，累计从事本职业或相关职业工作4年(含)以上""累计从事本职业或相关职业工作6年(含)以上"等条件之一。可见，申报的等级越高，在职业经验和从业年限上的要求越高。《技能标准》构建了职业资格框架制度，保育师只有符合申报的条件，才能在自己的职业轨道上走向更高的等级。

政策支持

原有的保育员职业资格证书继续有效。保育师可根据申报条件，申报更高的等级。

比如，《技能标准》指出，"具备以下条件之一者，可申报二级/技师：(1)取得本职业或相关职业三级/高级工职业资格证书(技能等级证书)后，累计从事本职业或相关职业工作4年(含)以上。(2)取得本职业或相关职业三级/高级工职业资格证书(技能等级证书)的高级技工学校、技师学院毕业生，累计从事本职业或相关职业工作3年(含)以上；或取得本职业或相关职业预备技师证书的技师学院毕业生，累计从事本职业或相关职业工作2年(含)以上。具备以下条件者，可申报一级/高级技师：取得本职业或相关职业二级/技师职业资格证书(技能等级证书)后，累计从事本职业或相关职业工作4年(含)以上"。

学习笔记

连线职场

我之前已经获得了保育员职业资格证书。现在国家制定了新的标准，将"保育员"职业名称变更为"保育师"。那我之前获得的证书还有效吗？如果我还想达到更高的级别，要怎么办？

（四）严格要求，明确从业人员门槛

《技能标准》明确要求保育师的普通受教育程度应达到高中毕业（或同等学力），限制了保育师职业的从业门槛。同时，在申报条件中，明确要求报考人员要满足取得本专业或相关专业毕业证书、取得本职业或相关职业的职业资格证书等条件之一。相关专业包括护理、幼儿教育、母婴照护、营养与保健、现代家政服务与管理、早期教育、学前教育、医学营养、特殊教育等。相关职业包括育婴员、婴幼儿发展引导员、母婴保健技术服务人员、母婴护理员、健康管理师、公共营养师、幼儿教育教师、助产士、儿科护士、儿科医师等。并且，《技能标准》在"职业禁入"方面也做了规定，保育师应严格遵守国家相关法律法规和职业伦理道德规范要求，无犯罪记录或者社会不良记录。

针对保育师等《中华人民共和国职业分类大典（2022年版）》中的技能类职业，人社部门鼓励支持符合条件的社会组织、市场机构以及企业、院校等备案为社会培训评价组织，根据市场和就业需要，面向全体劳动者提供技能评价服务，对经考试考核评审合格人员，评价机构可认定其职业技能等级，颁发相应职业技能等级证书。通过职业技能等级认定获得的职业技能等级证书，可在技能人才评价证书全国联网查询系统查询，与国家职业资格证书享受同等待遇，纳入人才统计范围。劳动者可以通过技能人才评价管理服务平台查询备案评价机构信息和本人职业技能等级证书有关信息。

📶 连线校园

我是托育相关专业的一名毕业生，我希望以后能在早教机构工作。我该如何获取保育师职业资格证书呢？

✏️ 学习笔记

⊖ 政策支持

1. 怎么考？

2019年12月30日，国务院常务会议决定分步取消水平评价类技能人员职业资格，推行社会化职业技能等级认定。截至2020年12月，技能人员水平评价类职业资格已按程序全部退出目录，转为社会化职业技能等级认定，并由用人单位和相关社会培训评价组织按照国家职业技能标准或评价规范开展职业技能等级认定、颁发职业技能等级证书。

保育师要想获得职业技能等级证书，需参加经人社部门备案的用人单位或社会培训评价机构组织的考试。《技能标准》中"鉴定方式"部分指出，"分为理论知识考试、技能考核以及综合评审""成绩皆达60分（含）以上者为合格"。

2. 申报条件

申报不同的技能等级，需要满足对应的条件。比如，"取得技工学校本专业或相关专业毕业证书（含尚未取得毕业证书的在校应届毕业生）；或取得经评估论证、以中级技能为培养目标的中等及以上职业学校本专业或相关专业毕业证书（含尚未取得毕业证书的在校应届毕业生）"，可申报四级/中级工。

文本资源

参考答案

🐘 学习效果检测

一、判断题

1. 保育师是在托育机构及其他保育场所中，从事婴幼儿生活照料、安全看护、营养喂养和早期发展工作的人员。（　　）

2. 要申报五级/初级工要培训满100标准学时。（　　）

3. 累计从事本职业或相关职业不满一年也可以报考保育师职业资格证书。（　　）

4. 保育员职业资格证书和保育师职业资格证书其实是一样的，有了保育员职业资格证书就不用再考保育师职业资格证书了。（ ）

5. 鉴定方式分为理论知识考试和技能考核。（ ）

6. 保育师的职业能力特征包括身心健康，人格健全；热爱婴幼儿，认真负责；亲切和蔼，善于沟通；观察敏锐，身体灵活。（ ）

二、简答题

1. 简述《保育师国家职业技能标准》中指出的保育师应遵守的职业守则。

2. 简述《保育师国家职业技能标准》中指出的保育师应掌握的基础知识。

三、材料分析题

当前，母婴市场十分火热，网络上也出现了不少保育师培训的广告。某培训平台上写着：仅需1999元即可报名参加培训，无专业门槛，无工作经验要求，5天培训完就能上岗，高薪岗位等你来。低投入、高待遇、速就业变成保育师行业的宣传口号。

一位3岁孩子家长质疑道："在这么短的时间内培训出来的保育师，真的有能力带好孩子吗？是否具备专业的素养？"

请结合以上材料，分析该广告是否合理。申报保育师职业资格需要具备哪些条件？需要掌握哪些专业知识？需要具备哪些工作能力？

实操巩固

实训内容	请示范讲解如何指导幼儿使用筷子。
人员构成	个人。
呈现方式	成果：Word 在线文档 1 份； 展示：示范讲解指导幼儿使用筷子的视频 1 份。
注意事项	以班级为单位建立一个 Word 在线文档，对每个人提出的指导方法进行整理； 示范讲解视频需真人出镜，配字幕，无需配乐，MP4 格式，尺寸大小不限； 注重示范讲解的规范性。

学习任务 4
《托育从业人员职业行为准则(试行)》

学习任务单

学习目标		①了解《托育从业人员职业行为准则(试行)》的出台背景、实施目的与适用范围; ②了解《托育从业人员职业行为准则(试行)》的主要内容、具体要求; ③能根据《托育从业人员职业行为准则(试行)》,对照检查托育从业人员行为是否合理、工作是否科学规范。
学习要点		①了解《托育从业人员职业行为准则(试行)》的主要内容、具体要求; ②能在具体实践中依据《托育从业人员职业行为准则(试行)》,对托育从业人员进行核查。
学习建议	学习前	了解近几年关于托育从业人员职业伦理的文件。
	学习中	完成本任务的学习,根据《托育从业人员职业行为准则(试行)》对托育从业要求进行对照、反思。
	学习后	熟练掌握《托育从业人员职业行为准则(试行)》中的重点内容,并能结合具体工作进行评价、反思。
学习运用		你觉得在哪些工作场景中可以运用到所学内容?(由学生填写)
学习反思		请记录你在学习过程中的相关思考。(由学生填写)

聚焦政策

随着我国生育政策的不断调整和完善，0～3岁婴幼儿托育服务发展的现实需求日益凸显，托育行业迎来发展的机会。托育从业人员的职业道德和专业化水平决定了托育质量。此前，就有很多声音呼吁依据《新时代幼儿园教师职业行为十项准则》建立托育从业人员职业行为准则，从而规范托育从业人员的职业行为。2022年11月，国家卫生健康委员会印发了《托育从业人员职业行为准则(试行)》，以推动建设一支品德高尚、富有爱心、敬业奉献、素质优良的托育服务队伍，促进托育服务质量提升。

一、出台背景及意义

(一)出台背景

1. 对托育从业人员队伍建设的关注度高

在家庭对托育服务的需求逐渐上升的环境下，国家相继出台了诸多指导性的政策文件以保障托育服务质量，其中，托育从业人员队伍质量在政策中多次被提及。2017年，党的十九大报告在保障和改善民生的蓝图中特别加入了"幼有所育"的要求。2019年5月颁布的《指导意见》和10月发布的《托育机构设置标准(试行)》《托育机构管理规范(试行)》对托育从业人员规模、人员管理等多项内容做出了明确规定。但在现实中，托育从业人员队伍建设仍存在着许多问题：服务能力不足、服务质量低，现有从业人员水平参差不齐，托育人才队伍建设较为滞后等。这些问题都集中在托育从业人员队伍建设上，需要国家建立健全的支持政策和标准规范体系。

2. 托育从业人员职业化水平尚需提升

托育服务的对象主要是0～3岁婴幼儿，由于他们年龄比较小，各方面的发展比较有限，这就要求托育从业人员具有丰富的保教知识与能力。托育从业人员的日常工作行为很容易被观察，但从业人员的内隐特征却不易被发现，如职业道德和职业意识。从我国婴幼儿托育从业人员职业化水平的现状来看，由于缺乏0～3岁托育从业人员的资格标准，从业人员素质良莠不齐，严重影响了托育服务的质量。部分托育机构由幼儿园教师承担相应工作，也有的托育机构仅对相关人员进行短暂的培训后就催促其上岗。职业地位的缺失造成托育从业人员陷入工资待遇不高、流动性大的困境，影响了高素质人员进入该领域的热情，形成了托育从业人员职业化水平难以提高的恶性循环。托育从业人员的职业化水平是影响托育服务质量的关键因素，提高托育服务的质量必须先从提高托育从业人员的职业化水平入手，切实避免婴幼儿伤害事故以及教育事故。

3. 家庭呼唤高水平的托育从业人员，以满足多元需求

家庭在选择购买托育服务时，会将托育机构的环境安全和卫生、教师的从业资质放在优先考虑的位置。随着国家文件的陆续出台，托育机构各方面都得到了进一步规范。父母也逐渐对托育机构给予更高的期望和要求，除了关注托育从业人员的专业素养、资格证明、个性特征外，还关注托育人员有关婴幼儿身心发展的知识水平和开展活动的照护能力，如在安排亲子活动、创设环境、进行育儿指导等方面的能力。父母从期望满足最初的照护需求转向期望满足"婴幼儿互动与游戏""育儿交流与指导""科学

照护""家庭教育指导"等方面更高的需求。可见，家庭对托育机构的需求日趋呈现多元化，父母对师资队伍的专业素质及行为表现日益重视。因此，《托育从业人员职业行为准则（试行）》制定的十项行为准则也体现了对从业人员多方面的要求和期待。

（二）出台的意义

1. 保证托育从业人员队伍质量

托育从业人员的职业化水平是托育从业人员队伍建设的重要前提，关系到托育服务的质量与发展。《托育从业人员职业行为准则（试行）》的出台，明确了托育从业人员的行为标准，规范了托育从业人员的职业行为，进一步增强了托育从业人员的责任感、使命感和荣誉感。

2. 符合家长对托育从业人员的需求

从《托育从业人员职业行为准则（试行）》的主要内容来看，以家长需求为导向，符合家长对托育从业人员的基本要求。托育从业人员不仅需要有良好的职业道德和素养，而且还应掌握基本的专业知识与能力，注重与婴幼儿的互动，能践行家托共育，为家长提供照护指导服务。从家长的需求出发，家长与托育从业人员只有及时沟通，加深双方的了解与信任，才能保证婴幼儿家庭都能享受到优质的托育服务。

二、政策要点

（一）基本结构

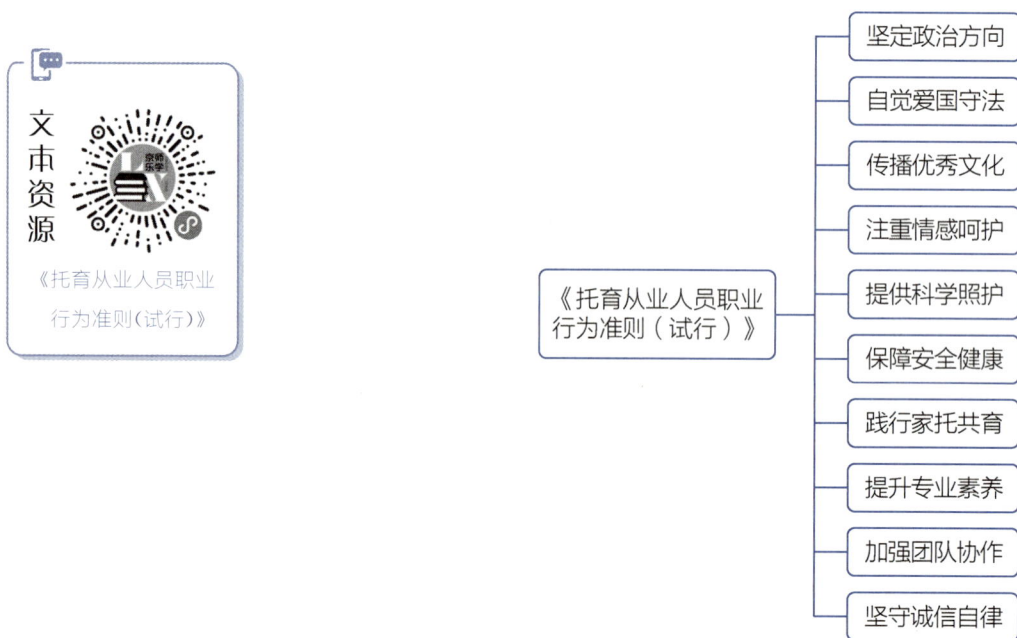

文本资源

《托育从业人员职业行为准则（试行）》

（二）主要内容

1. 坚定政治方向

坚持以习近平新时代中国特色社会主义思想为指导，贯彻落实党中央关于托育工作的决策部署。不得有损害党中央权威和违背党的路线方针政策的言行。

2. 自觉爱国守法

忠于祖国，忠于人民，恪守宪法原则，遵守法律法规，依法依规开展托育服务。不得损害国家利益、社会公共利益、违背社会公序良俗。

3. 传播优秀文化

传承中华传统美德和优秀文化，践行社会主义核心价值观，培养婴幼儿良好品行和习惯。不得传播有损婴幼儿健康成长的不良文化。

4. 注重情感呵护

敏感观察，积极回应，尊重个体差异，关心爱护每一位婴幼儿，形成温暖稳定的关系。不得忽视、歧视、侮辱、虐待婴幼儿。

5. 提供科学照护

遵循婴幼儿成长规律，合理安排每日生活和游戏活动，支持婴幼儿主动探索、操作体验、互动交流和表达表现。不得开展超出婴幼儿接受能力的活动。

6. 保障安全健康

创设安全健康的环境，熟练掌握安全防范、膳食营养、疾病防控和应急处置等方面的知识和技能。不得在紧急情况下置婴幼儿安危于不顾，自行逃离。

7. 践行家托共育

注重与婴幼儿家庭密切合作，保持经常性良好沟通，传播科学育儿理念，提供家庭照护指导服务。不得滥用生长发育测评等造成家长焦虑。

8. 提升专业素养

热爱托育工作，增强职业荣誉感，加强业务学习，做好情绪管理，提高适应新时代托育服务发展要求的专业能力。不得有损害职业形象的行为。

9. 加强团队协作

尊重同事，以诚相待，相互支持，充分沟通婴幼儿信息，协同开展照护活动，不断改进和提升服务质量。不得敷衍塞责、相互推诿、破坏团结。

10. 坚守诚信自律

诚实守信，严于律己，尊重婴幼儿及其家庭的合法权益，自觉遵守托育服务标准和规范。不得收受婴幼儿家长礼品或利用家长资源谋取私利。

三、政策解读

（一）强化托育从业人员的职业道德

> ●议一议
> 《托育从业人员职业行为准则（试行）》与《新时代幼儿园教师职业行为十项准则》有哪些相同点与不同点？

社会中偶发的一些事件，如托育从业人员对婴幼儿进行打骂、虐待等，会使婴幼儿受到不可磨灭的生理和心理创伤。为防止此类事件的发生，必须加强托育从业人员的职业道德。《托育从业人员职业行为准则（试行）》顺应了社会的呼唤，从国家、社会、个人层面，强化了托育从业人员的道德意识和职业伦理。比如，"坚定政治方向"，不得有损害党中央权威和违背党的路线方针政策的言行；"自觉爱国守法"，遵守法律法规，依法依规开展托育服务；"注重情感呵护"，关心爱护每一位婴幼儿，不得忽视、歧视、侮辱、虐待婴幼儿。

（二）提升托育从业人员的专业素养

"托育从业人员"不仅是一份职业，更指向"专业"。托育从业人员在进入托育行业时应达到一定的资格要求，在职后培训中也应围绕专业价值观、专业知识和专业实践提升个人素养。《托育从业人员职业行为准则

（试行）》在注重情感呵护、提供科学照护、保障安全健康等方面提出了要求。托育从业人员不仅应给予婴幼儿身体上的呵护，察觉婴幼儿的情绪变化，积极回应婴幼儿，而且应遵循婴幼儿成长的规律，合理安排每日的生活和游戏活动，支持婴幼儿的主动探索、操作体验、互动交流和表达表现，促进婴幼儿的健康发展。为了建设高质量的托育人才队伍，必须在专业资格准入、专业知识学习等方面设置门槛，从而提升托育从业人员的专业素养。

（三）增强托育从业人员的实践能力

从市场的需求出发，托育从业人员不仅要具备专业知识，而且需具备过硬的专业实践能力。专业实践能力体现在家园合作、与同事合作、师幼互动等方面。《托育从业人员职业行为准则（试行）》要求践行家托共育，托育从业人员应与婴幼儿家庭保持经常性的良好沟通，传播科学育儿理念，提供家庭照护指导服务，形成密切合作的关系；要求加强团队协作，托育从业人员应相互支持，充分沟通婴幼儿信息，协同开展照护活动，不断改进和提升服务质量。此外，在师幼互动上，托育从业人员与婴幼儿间的互动也应是双向有效的，能够让双方有不断思考、探索的欲望。这就要求托育从业人员具备扎实的实践能力，从而不断提升托育服务的质量。

🔗 资讯链接

2023年9月10日是全国第39个教师节。教师节当天，2023年深圳市最美托育师评选活动决赛隆重举行。通过讲述深圳托育的好故事，分享优秀经验、成果和感悟，向社会传递专业、科学的托育服务对婴幼儿及其家庭的重要意义，最终有3位老师获"最美托育师"的荣誉称号。《深圳市托育从业人员职业行为准则（试行）》也在活动最后正式发布，引导托育从业人员从思想认识到日常工作行为都严守职业道德、履行职业责任，努力做为人民服务和令人民满意的托育师。

（资料来源：深圳新闻网）

🐘 学习效果检测

一、选择题

1. 职业道德是指人们在（　　）的过程中，在思想和行为上所必须遵循的行为准则和道德规范的总和。

    A. 工作   B. 从事某种职业、履行其职责

    C. 劳动   D. 履行职业职责

2. 托育从业人员陈老师，为家长提供了婴幼儿生长发育测评工具。陈老师违背了《托育从业人员职业行为准则（试行）》中（　　）的要求。

    A. 提供科学照护   B. 加强团队协作

    C. 践行家托共育   D. 保障安全健康

3. 教师节来临之际，某托育中心的婴幼儿的家长给张老师送来了各种各样的礼物，以感谢张老师对自己家孩子的照顾。张老师一边谢绝，一边说"这都是我的职责所在，我不能收这些礼物"。张老师的行为符合《托育从业人员职业行为准则（试行）》中（　　）的要求。

📱 文本资源

参考答案

A. 坚守诚信自律　　　　　　　　B. 加强团队协作

C. 提供科学照护　　　　　　　　D. 注重情感呵护

4.《托育从业人员职业行为准则(试行)》中,"传播优秀文化"不包括(　　)。

A. 传承中华传统美德和优秀文化　　B. 践行社会主义核心价值观

C. 培养婴幼儿良好品行和习惯　　　D. 传播有损婴幼儿健康成长的不良文化

5. 托育从业人员李老师在教婴幼儿握笔写字,婴幼儿在纸上歪歪扭扭地画着。李老师的教育活动(　　)。

A. 超出了婴幼儿的接受能力　　　　B. 符合婴幼儿的发展规律

C. 能锻炼婴幼儿的小肌肉能力　　　D. 有利于婴幼儿的发展

二、简答题

简述《托育从业人员职业行为准则(试行)》的十条准则。

三、社会实践题

到一所托育中心,选择一位托育从业人员进行跟踪观察,参照《托育从业人员职业行为准则(试行)》,对该托育从业人员的职业行为进行判断和总结。

实操巩固

实训内容	利用见习或实训的机会,观察分析一家托育机构中的从业人员行为是否符合规范,并形成观察报告。
人员构成	小组(3~5人)。
呈现方式	成果:Word 在线文档 1 份。
注意事项	小组内部要分工明确,并在成果中注明; 观察记录的要点要写清,如时间、地点、观察对象; 观察记录前要与观察对象沟通,征得同意再进行记录; 可采用录音、录像等多种记录方式; 严格对照《托育从业人员职业行为准则(试行)》。